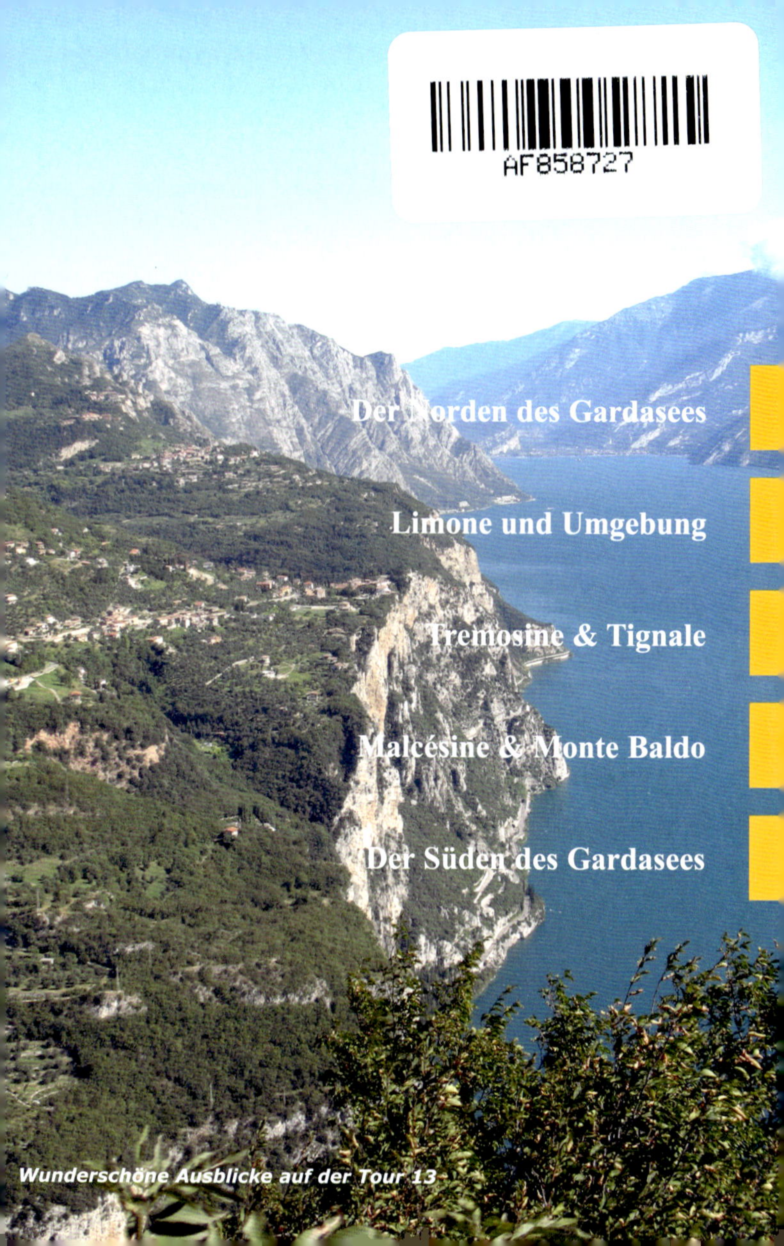

Der Norden des Gardasees

Limone und Umgebung

Tremosine & Tignale

Malcésine & Monte Baldo

Der Süden des Gardasees

Wunderschöne Ausblicke auf der Tour 13

Gardasee

Der Autor und der Verlag sind für Lesertipps und Verbesserungen (besonders per E-Mail) unter Angabe der Auflagen- und Seitennummer dankbar.

Dieses OutdoorHandbuch hat 160 Seiten mit 62 farbigen Abbildungen, 25 farbigen Kartenskizzen im Maßstab 1:50.000 sowie 23 farbigen Höhenprofilen und einer farbigen, ausklappbaren Übersichtskarte. Es wurde auf chlorfrei gebleichtem Papier gedruckt, in Deutschland klimaneutral hergestellt und transportiert und wegen der größeren Strapazierfähigkeit mit PUR-Kleber gebunden.

ClimatePartner°
klimaneutral

Druck | ID 10951-1801-1001

Dieses Buch ist im Buchhandel und in Outdoor-Läden erhältlich und kann im Internet oder direkt beim Verlag bestellt werden.

OutdoorHandbuch aus der Reihe „Regional", Band 333

ISBN 978-3-86686-590-7 2., überarbeitete Auflage 2018

Text und Fotos: Wolfgang und Idhuna Barelds
Karten: Heide Schwinn
Lektorat: Amrei Risse
Layout: Manuela Dastig

Gesamtherstellung: gutenberg beuys feindruckerei

Dieses OutdoorHandbuch wurde konzipiert und redaktionell erstellt vom:

Conrad Stein Verlag GmbH, Kiefernstr. 6, 59514 Welver,
☎ 023 84/96 39 12, FAX 023 84/96 39 13,
info@conrad-stein-verlag.de,
www.conrad-stein-verlag.de

Besuchen Sie uns bei Facebook & Instagram:

www.facebook.com/outdoorverlag

www.instagram.com/outdoorverlag

Titelfoto: Ponale-Weg (Tour 7)

Inhalt

Wanderparadies Gardasee

Südlich der Alpen bietet der Gardasee eine eindrucksvolle Landschaft, die zu abwechslungsreichen und teilweise spektakulären Wanderungen einlädt, die mediterranes wie alpines Ambiente bieten. Viele kennen den Gardasee vor allem als Eldorado für Surfer und Mountainbiker oder als Destination für Busrundfahrten. Dass hier ein gut erschlossenes Wanderwegenetz vielseitige Touren mit traumhaften Aussichten bietet, ist weniger bekannt.

Dieses Buch beschreibt von vielen möglichen Wanderungen 23 ausgewählte Tagestouren in unterschiedlichen Regionen. Diese Wanderungen bieten verschiedene Schwerpunkte und ein breites Spektrum bezüglich Schwierigkeitsgrad und Länge. Manche Touren lassen sich zu einer langen kombinieren, andere mit vorgeschlagenen Varianten verkürzen oder verlängern, sodass Sie individuell variieren können.

Die meisten hier beschriebenen Tagestouren liegen im Norden des Gardasees, wo die Landschaft besonders abwechslungsreich und eindrucksvoll ist: Der Gardasee zwängt sich hier wie ein Fjord zwischen steil aufragende Felsen. Einige der schönsten Wanderwege verdanken ihre Existenz paradoxerweise dem Krieg: Sie wurden vor dem Ersten Weltkrieg als Militärwege an der heiß umkämpften Grenzlinie zwischen Italien und Österreich, das damals bis zum Gardasee reichte, angelegt. Zahlreiche Pfade und alte Stellungen in aussichtsreicher Lage wurden vor dem Krieg in die Kalksteinfelsen über dem Gardasee gesprengt und eröffnen Wanderern heute weite Blicke über den See.

Alle Touren bieten besondere Highlights, seien es kulturelle oder natürliche Sehenswürdigkeiten oder einfach nur tolle Aussichten. Diese und die vielen Höhlen machen einige Wege auch für Familien mit Kindern interessant.

Im Norden des Gardasees werden Sie vor allem deutschsprachigen Urlaubern begegnen, sodass sich Deutsch als Zweitsprache vielerorts etabliert hat. Manche sprechen scherzhaft vom Gardasee als dem 18. deutschen Bundesland – nach Mallorca. Der Süden des Gardasees ist lieblicher, mediterraner und italienischer. Allerdings gibt es dort ein nicht ganz so gut ausgebautes Wanderwegenetz wie im Norden und die Landschaft ist weniger abwechslungsreich, daher sind weniger Wandertouren für diese Region beschrieben.

Für die vorliegende 2. Auflage haben die Autoren zwei neue Wanderungen im Süden des Sees aufgenommen, eine andere bei Gargnano augetauscht und Anregungen und Korrekturen von Lesern aufgenommen – vielen Dank dafür! Die

Autoren und der Verlag freuen sich über weitere Rückmeldungen von Lesern an den Verlag, der auf seiner Website Updates zum Buch bzw. den Touren bereitstellt.

Reise-Infos

Anreise

Der Gardasee ist sowohl per Auto als auch mit öffentlichen Verkehrsmitteln in wenigen Stunden von Deutschland aus erreichbar:

Mit dem Auto fahren Sie am einfachsten durch Österreich, über den Brenner, das Eisack- und Etschtal bis zur Abfahrt Rovereto. Dann geht es über den Pass von Nago und schon ist der Gardasee erreicht. Ab München dauert die Fahrt auf der rund 400 km langen Strecke etwa 4 Std., allerdings ist an Wochenenden die Staugefahr recht hoch. An Gebühren für (italienische) Autobahnen sowie den Brenner fallen pro Strecke etwa € 22 an, hinzu kommen die Kosten für die österreichische Autobahnvignette (Stand 2017: € 8,90 für 10 Tage).

Ab München fahren im 2-Std.-Takt EC-Züge nach Norditalien, mit Halt in Rovereto (ca. 20 km vom Gardasee entfernt). Da diese Züge ausschließlich von DB und ÖBB betrieben werden, gibt es an italienischen Bahnhöfen weder Fahrkarten noch Infos zu diesen Zügen. Die Tickets für diese EC sind in Italien nur im Internet über die DB und die ÖBB sowie in einigen Reisebüros und Touristinformationen (z. B. in Riva) erhältlich.

Vom Bahnhof Rovereto kommt man tagsüber gut und günstig mit dem Linienbus an den Gardasee: Die Linie 332 fährt in 40 Min. zum Norden des Gardasees nach Torbole und Riva (etwa € 3). Letzte Verbindung ist werktags um 20:50.

www.ttesercizio.it → Trasporto extraurbano → 3 → 332

Alternativ können Sie auch ein Taxi nehmen, meistens stehen welche am Bahnhof Rovereto. (nach Torbole ca. € 45, nach Tremosine ca. € 90, Stand 2017)

Eine Alternative zu Rovereto ist der Bahnhof Desenzano, zu erreichen per Bahn ab Verona oder Mailand. Der Bahnhof Desenzano liegt im

Süden des Gardasees, nur 500 m vom See entfernt. Von Desenzano gelangt man per Bus zweistündlich oder per Schiff in gut 2 Std. in den für Wanderer interessanteren Norden des Gardasees.

www.atv.verona.it oder www.navigazionelaghi.it

Unterkünfte und Standorte

Da die meisten bzw. schönsten Wanderungen im Norden des Sees liegen, sollten sich Wanderfreunde bei der Unterkunftswahl am besten nördlich der Linie Malcésine-Gargnano orientieren.

Die Wahl der Unterkunft hängt vor allem davon ab, ob man mit eigenem Auto anreist und ob man ausschließlich wandern möchte. Trifft beides zu, quartieren Sie sich vielleicht lieber etwas abseits vom Touristenrummel ein. Für Wanderer günstige Ausgangspunkte sind Tremosine und Tignale westlich oberhalb vom Gardasee. Optimale Standorte für viele der Wanderungen in diesem Buch sind die Hotels ***Sole-La Fenice in Vesio (www.hotellafenice.it) und ****Le Balze (www.hotel-lebalze.it) oberhalb von Voltino, das in 700 m Höhe eine weite Aussicht auf den See bietet und auch Hunde willkommen heißt.

Wer mit Bahn/Bus anreist, nimmt lieber ein Hotel am (nördlichen) Seeufer, wo die öffentlichen Verkehrsverbindungen besser sind. Selbst Touristenorte wie Malcésine oder Torbole bieten zentrale und doch ruhige Hotels. Zum reinen Übernachtungspreis kommt in der Regel noch eine Touristensteuer in Höhe von etwa € 1 bis 2 pro Person und Nacht dazu.

Camping ist eher im Süden des Gardasees verbreitet. Im Norden gibt es die größte Auswahl an Campingplätzen in Torbole.

u. a. www.visitgarda.com

☺ Besonders günstig sind die Übernachtungspreise in der Vor- und Nachsaison, also April bis Juni sowie Oktober. Das sind auch die besten Wandermonate.

Pauschalreisen

Für den Gardasee werden auch pauschale Wandereisen angeboten. Der Vorteil: Man muss sich nicht selbst um Planung bis ins Detail kümmern, sondern folgt einfach den Wandervorschlägen der Unterlagen oder des Wanderführers. Mehrere Programme am Gardasee – sowohl als Gruppen- wie auch als Individualreise – bietet Wikinger-Reisen an, mit Standorten in Tremosine oder Torbole, die Woche ab etwa € 450.

www.wikinger.de

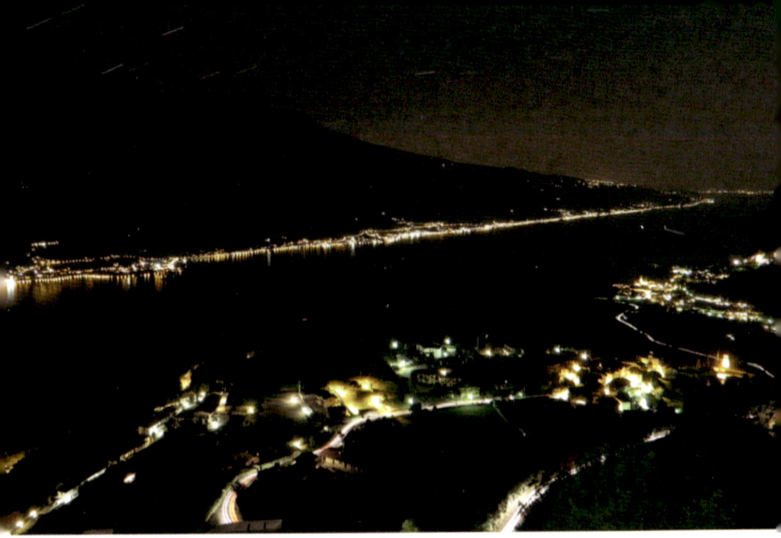

Le Balze bei Nacht

Verkehrsmittel

Alle am Gardasee liegenden Orte sind per Linienbus oder Schiff gut erreichbar. Zu den oberhalb des Sees liegenden Orten gibt es nur wenige Busverbindungen am Tag.

Schiff

Öffentliche Schiffe verkehren zwischen allen Orten am Gardasee. Es fahren normale Schiffe („Battello") und zuschlagspflichtige Schnellboote (ca. + 30 %), das sind Tragflügelboote. Die Ziele sind nach sieben Tarifzonen gestaffelt (Tarife zwischen € 3 und € 21). Fahrpläne gibt es bei den Häfen, in Informationsbüros und im Internet: www.navigazionelaghi.it → Garda Lake → Timetable

Darüber hinaus verkehren im nördlichen Gardasee mehrere private Anbieter zwischen den Orten Riva, Limone und Malcésine.

Linienbusse

Die Busverbindungen sind nördlich und östlich vom Gardasee ordentlich (stündlich), westlich eher lückenhaft. Landesüblich sind die Bustarife stark subventioniert und daher sehr günstig. Ebenso typisch für Italien sind die unterschiedlichen Bedingungen für den Fahrkartenverkauf: Bei atesina und Trasporti Brescia können die Tickets im Bus gekauft werden, bei atv in autorisierten tabacchi.

Alle für die Touren wichtigen Busfahrpläne sind außerdem auf der Homepage der Autoren hinterlegt: 💻 www.wibarelds.de → Unsere Bücher → Updates & Fahrpläne

Übersicht über die Linienbusse

Region	Busfirma	Internet
Norden bis Rovereto: u. a. Torbole, Rica, Arco, Ledrosee	atesina	💻 www.ttesercizio.it → Trasporto extraurbano
Norden: Stadtbusse Riva, Torbole, Arco	atesina	💻 www.ttesercizio.it → Trasporto urbano
Osten, Südwesten: u.a. Malcésine, Torri del Benaco, Garda, Bardolino	atv	💻 www.atv.verona.it → Linee ed orari → Extraurbano → Anfangsbuchstabe Ort → Ort
Westen: u.a. Limone, Tremosine, Gargnano, Toscolano-Maderno	Arriva/Trasporti Brescia	💻 www.arriva.it (engl.) → Travel with us → Search your lines → SIA → Area Garda e Valle Sabbi
Alle Regionen		Übersicht: 💻 www.lagodigarda.it (deutsch) → Infos → Busverbindungen

P Parken

Bei den Wanderungen sind neben öffentlichen Verkehrsmitteln auch günstig gelegene Parkplätze angegeben (mit GPS-Koordinaten), allerdings nicht jedes Mal mit dem Hinweis, ob das Parken gebührenpflichtig ist oder nicht, weil sich das manchmal je nach Saison ändert.

Parkraum am See ist Mangelware. Gehen Sie daher einfach davon aus, dass in allen größeren Orten sowie bei Sehenswürdigkeiten im Bereich des Gardasees eine Parkgebühr erhoben wird. Und die ist nicht ohne, in Torbole z. B. € 1,50 pro Stunde.

Klima und Reisezeit

Die nördliche Hälfte von Italien lässt sich nicht in ein einheitliches Klimaschema bzw. -diagramm zwängen. Ein mitteleuropäisches Klima beschert Oberitalien kalte Winter und einen heißen Sommer sowie Regenfälle überwiegend im Frühjahr und

Herbst. Im Gebirge muss bei zunehmender Höhe mit einer Abnahme der Temperatur von durchschnittlich 0,6°C pro 100 Höhenmeter gerechnet werden. Am 2.200 m hohen Massiv des Monte Baldo liegt oft noch bis in den Mai hinein Schnee. Charakteristisch für den Gardasee sind die Winde, von denen u. a. Surfer profitieren: Frühmorgens weht der von den Bergen (Norden) kommende „Tramontana", „Vento" oder „Pelér", während mittags der aus dem Süden wehende Seewind „Ora" einsetzt.

Am Gardasee ist von April bis Oktober Saison. Die sommerliche Hochsaison im Juli und August sollte eher gemieden werden, dann sind infolge der italienischen Sommerferien die Preise hoch und die Orte überfüllt. Außerdem ist es im Sommer zum Wandern zu heiß. Von der Vegetation her ist es natürlich im Frühjahr am angenehmsten, je nach Höhenlage bieten die Monate April bis Juni ein Blütenmeer. Aber auch der Herbst ist nicht ohne botanischen Reiz, wenn etwa im Unterholz der westlichen Gardaseeseite massenhaft Alpenveilchen blühen.

Karten und GPS

Zum Wandern gibt es eine große Auswahl an Karten. Am besten geeignet ist der Maßstab 1:25.000 und daher hier auch empfohlen. In Deutschland am leichtesten erhältlich sind Kompass-Karten. Für den Norden bzw. Osten gibt es die Ausgaben 690 Alta Garda e Ledro, 691 Monte Baldo Nord und 692 Monte Baldo Süd. Das 3er-Kompass-Karten-Set 697 deckt den gesamten See im Maßstab 1:35.000 ab (€ 12,99).

Von der Kartografie genauer als Kompass sind die vor Ort und bei deutschen Kartengroßhändlern erhältlichen 1:25.000er-Karten von Lagir alpina, und zwar mit folgenden Ausgaben: LagirAlpina: 12 Alto Gardo (Norden) und 20 Monte Baldo (nördliche Mitte).

Die GPS-Tracks zu den beschriebenen Wegen können Sie von der Internetseite des Verlags (💻 www.conrad-stein-verlag.de) herunterladen.

Wanderinfrastruktur

Es gibt am Gardasee keine einheitliche Wanderwegmarkierung. Häufig sind die international üblichen rot-weißen Markierungen bzw. Wegweiser, aber es gibt auch andere (meistens ältere) Wegweiser, etwa im Norden. Zunehmend setzt sich jedoch der rot-weiße Standard durch. Folgende Fernwanderwege berühren den Gardasee und damit auch einige der hier beschriebenen Tageswanderungen (in Klammern die Touren):

- ▷ Sentiero de la pace im Norden des Sees (1, 4)
- ▷ BVG (Bassa via del Garda) im Norden des Gardasees: an der Westseite markiert von Saló bis Riva, an der Ostseite nicht markiert von Torbole bis Torri del Benaco (10, 12, 13, 14, 16, 18, 19, 20)

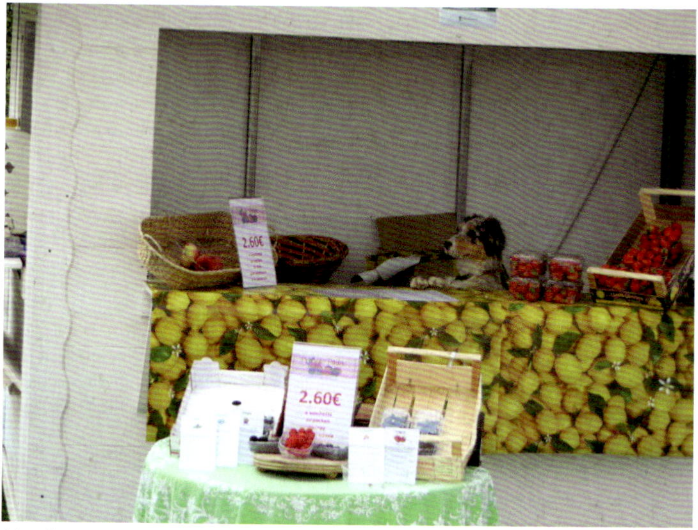

Hund am Gardasee

Wandern mit Hund und Buggy

Wandern mit Hund und Buggy ist bei einigen Wanderungen möglich, aber ideal ist es nirgendwo.

Folgende Einschränkungen gelten generell:

- ▷ Der Untergrund besteht auf vielen Wegen aus scharfkantigem Kalkstein und ist daher für Hundepfoten alles andere als ideal. Generell ist deshalb die Mitnahme von Hundepfotenschuhen empfohlen, erhältlich in gut sortierten Outdoor-Läden.
- ▷ Wasser versickert schnell im Kalksteingebirge, daher gibt es bei längeren Bergtouren nicht genügend natürliche Wasser-/Trinkstellen. Hier müsste man eine Wasserflasche für den Hund mitnehmen.

▷ An beliebten Stellen in Ufernähe (Strände, Promenaden) sind Hunde an der Leine zu führen, deren Länge an manchen Orten sogar vorgeschrieben ist (z. B. in Torbole, max. 1,5 m Länge). In den Sommermonaten sind Hunde an ufernahen Plätzen oft generell verboten.

▷ Tüten für Hunde-Abfälle gibt es nur in (größeren) Touristenorten.

▷ Auf den Schiffen können Hunde mitgenommen werden, angeleint und mit Maulkorb, der auf Aufforderung des Personals angelegt werden muss. Tarif: unter 50 cm frei, sonst um ca. 30 % ermäßigter Tarif (*tariffa 1.50*). Für Busse gelten angesichts der verschiedenen Firmen/Linien unterschiedliche Bedingungen, die zudem vom Personal auch unterschiedlich interpretiert werden ...

▷ Für Buggys sind die meisten Wanderwege am Gardasee alles andere als ideal, weil die Wege bzw. Pfade oft zu felsig oder steil sind, meistens auch mit Stufen. Wenn mit Buggy, dann nur mit outdoorgeeigneten Teilen und nur für Eltern, die eher zur Kategorie der Hardcore-Wanderer gehören.

Telefon

Die internationale Vorwahl für Italien ist 00 39, weiter geht es mit der Handynummer oder der Ortsnetzzahl, allerdings MIT der 0 vorneweg, z. B. 00 39-03 65 ...

Updates

Der Conrad Stein Verlag veröffentlicht Updates zu diesem Wanderführer, die direkt von den Autoren oder von Lesern des Buches stammen. Sie finden diese auf der Verlagshomepage 💻 www.conrad-stein-verlag.de.

Der abgebildete QR-Code führt Sie direkt zu der richtigen Seite.

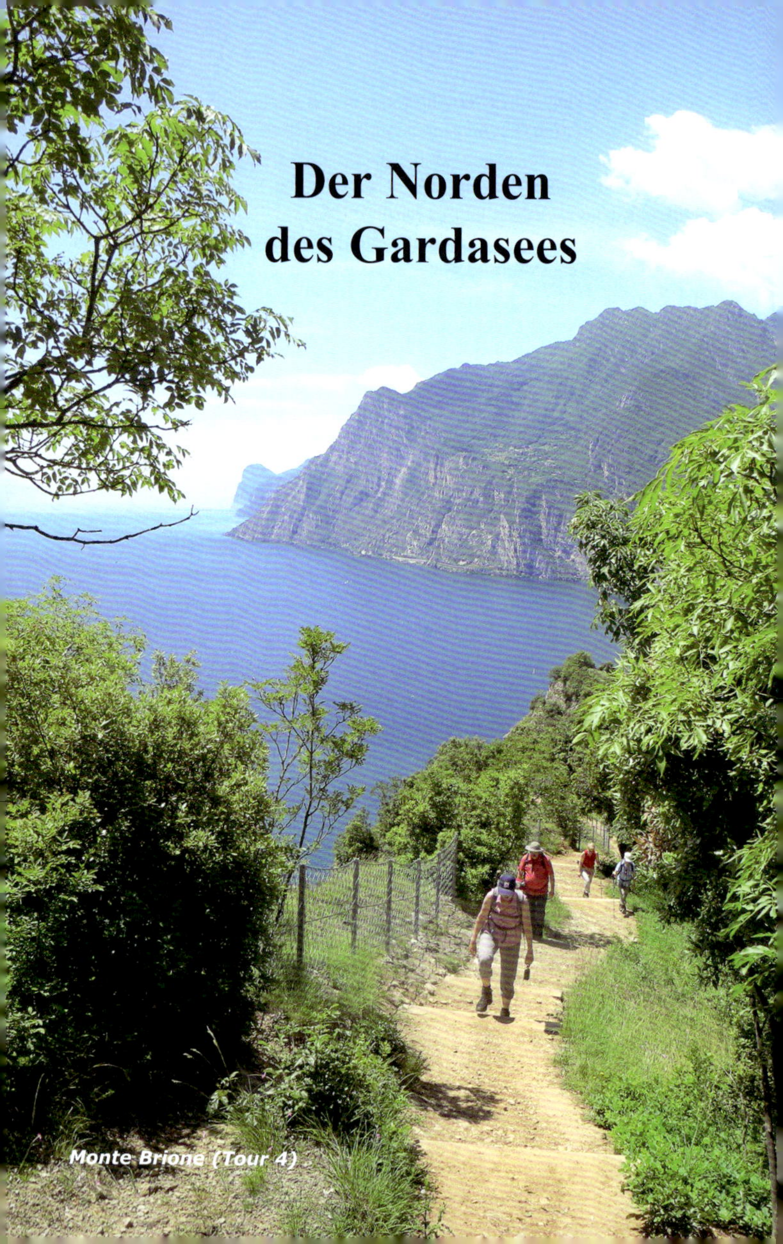
Der Norden
des Gardasees
Monte Brione (Tour 4)

Der Norden des Gardasees ist in fester Hand von Wassersportlern und Mountainbikern, die überwiegend aus Deutschland kommen. Allerdings gibt es hier auch zahlreiche Wandermöglichkeiten mit Touren unterschiedlichen Schwierigkeitsgrades, die entweder direkt am See entlangführen oder etwas weiter im Hinterland verlaufen, wobei höher gelegene Gewässer wie der Ledro- oder Tennosee beliebte Ziele bilden. Besonders gut geeignete Standorte im Norden des Gardasees sind Riva oder Torbole.

1 Panoramawanderung oberhalb von Torbole

Tour für Landschaftsgenießer *(das letzte Drittel)*

Diese Rundwanderung führt von Torbole auf der alten Römerstraße Strada Lucia aufwärts, ehe Sie im Zickzack dem alten Militärpfad Sentiero de la pace bergan folgen. Belohnung ist ein schöner Aussichtsgipfel bei Malga Zures. Abwärts geht es zunächst gemächlich auf einem aussichtsreichen Forstweg. Nach kurzem steileren Zwischenabstieg durch Wald erreichen Sie den neu angelegten, aussichtsreichen Naturlehrpfad Busatte-Tempesta, der in etwa 200 m Höhe nach Torbole führt.

- Start/Ziel: Torbole, Hauptplatz beim Goethe-Denkmal, GPS N 45°52,158' E 010°52,588'
- 15,6 km
- 4 Std. 30 Min.
- 865 m/865 m. An-/Abstieg überwiegend am Stück
- 65-705 m
- Sentiero della pace (neu rot-weiß (rw), alt blau-gelb und Friedenstaube), 601, E, rote und orange Punkte
- im letzten Viertel zahlreiche Rastplätze/Sitzbänke
- Einkehrgelegenheiten am Start/Ziel in Torbole und im Freizeitpark Busatte (km 14,7)
- WC im Park Busatte kurz vor dem Ziel
- Krämerladen mit diversen Kleinigkeiten, u. a. Backwaren, in Torbole
- Für Kinder recht lang und viel Steigung. ☺ Nur das letzte Drittel der Wanderung gehen, der Panoramaweg ist außerordenlich spektakulär und abwechslungsreich. Außerdem startet/endet man dann am Freizeitpark mit vielen Attraktionen für Kinder (u. a. Hochseilgarten, MTB-Anlage.).
- Für Buggys ist die Tour wegen der Stufen und kleinen Pfade nicht geeignet.

Wegen der Metalltreppen mit gitterartigem Boden beim Aussichtsweg für die meisten Hunde nicht gehbar – wenn der Vierbeiner bei diesen Passagen (etwa 2 x 5 Min. sowie weitere sehr kurze Treppen) getragen wird, ist das aber machbar.

Parkplätze in Torbole hinter der Tankstelle (GPS N 45°52.328‘ E 010°52.490‘) oder kurz dahinter an der Strada Granda (GPS N 45°52.393‘ E 010°52.562‘). Beide sind gebührenpflichtig (2017: € 1,50/Std.). An anderen Punkten entlang der Rundwanderung ist auch kostenfreies Parken möglich, etwa in Nago beim Beginn des Sentiero de la pace (km 2,3, GPS N 45°52.237‘ E 010°53.590‘) oder beim Freizeitpark Busatte kurz vor dem Ende (km 15, GPS N 45°51.936‘ E 010°52.908’).

Torbole ist vom Norden und Süden gut mit dem Linienbus erreichbar.

Schiffsverbindungen nach/von Riva und Richtung Süden, etwa Limone, Malcésine. Der Schiffsanleger liegt 200 m südlich vom Zentrum bzw. vom Startpunkt.

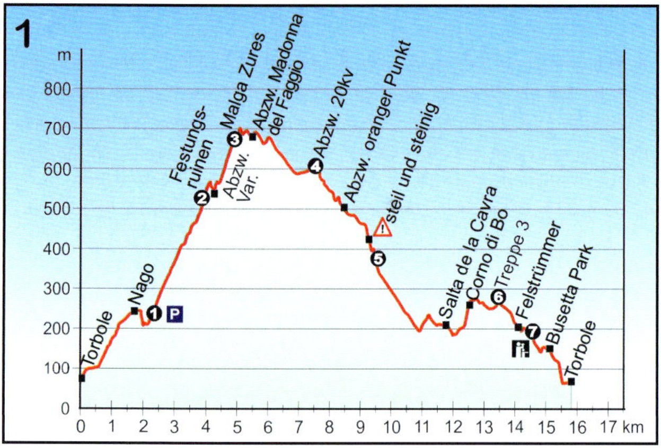

Die Rundtour beginnt am Hauptplatz von Torbole (Piazza Goethe) gleich hinter dem Hafen mit dem alten Zollgebäude. Seeseitig erinnert an einer Hauswand eine Tafel an Johann Wolfgang von Goethes Aufenthalt in Torbole im Jahr 1786.

Den Gardasee und Goethe im Rücken gehen Sie auf dem Platz nach rechts, um am Ende der Straße links (Via Pontalti) zu folgen, auf der Sie gemächlich ansteigen. Nach 170 m nehmen Sie in einer Linkskurve die rechts abzweigende Straße (Strada Santa Lucia). Hinter der Mauer auf der linken Seite liegt ein Park mit besonders alten Olivenbäumen. Sie folgen dieser alten Römerstraße aus Torbole heraus, nach dem Ortsende in Serpentinen leicht ansteigend an Olivenhainen vorbei. Diese Straße wurde durch einen spektakulären Schiffstransport im 15. Jh. bekannt.

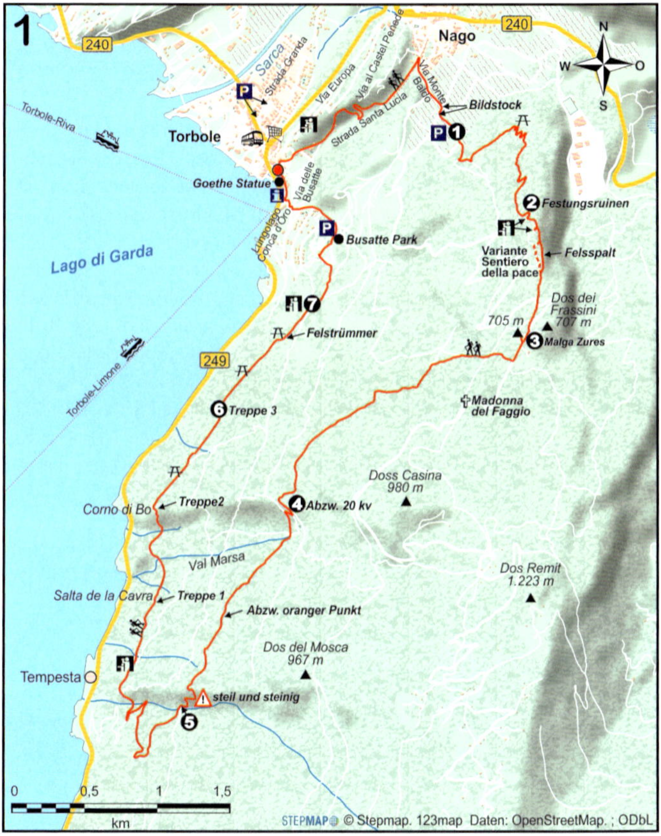

Schiffstransport über alte Römerstraße

Die alte Römerstraße Strada St. Lucia war lange Zeit die einzige Verbindung zwischen Etschtal, Gardasee und Poebene. Geschichte schrieben die Venezianer, als sie 1439 einen Teil ihrer Flotte hier über Land transportierten, um ihre Feinde – die Visconti aus Mailand – zu überraschen, die damals den Gardasee beherrschten. Die einfachere Variante – auf dem Seeweg über den Po und Mincio zum Gardasee – kam nicht infrage, weil die Mailänder den südlichen Zugang zum Gardasee kontrollierten. Die 34 Schiffe, darunter 6 Galeeren, wurden von 2.000

Ochsen und Pferde auf Rollen aus Baumstämmen gezogen – für eine Galeere wurden allein 120 Tiere benötigt. Der Sieg gelang den Venezianern aber erst im Folgejahr, nachdem sie neue Schiffe am Gardasee gebaut hatten.

Nach gut 30 Min. (km 1,5, ⇧ 235 m) geht es am Ortseingang von Nago scharf rechts in die Strada del Monte Baldo (Malga Zures 2.20), der Sie aufwärts folgen. Sie laufen immer geradeaus und ignorieren Abzweigungen. Nach 100 m folgen Sie in einer Linkskurve der asphaltierten Straße geradeaus (Via Malga Zures) und halten sich nach 150 m bei einer Gabelung links (Schild: Riva-Rovereto, Gardatrek Medium). Weiter geht es auf einer asphaltierten Straße mit einer Mauer rechts und einer Leitplanke links. Nach weiteren 150 m halten Sie sich bei einer Kreuzung mit einem Bildstock und einer Bank rechts und nach 30 m bei einer Gabelung mit weiterem Bildstock, Bank und Straßenspiegel links (localita Crone, 601 Malga Zures u. a.).

Beim Wanderparkplatz mit Infotafel ❶ (km 2,3, GPS N 45°52.237' E 010°53.590') folgen Sie dem Sentiero de la pace (☞ Kasten Tour 4) aufwärts (601, Malga Zures). Nach 120 m und nach 100 m vor einer Mauer halten Sie sich bei Gabelungen links (601, Friedenstaube, rot-weiß).

Faszinierender Blick auf den Norden des Gardasees

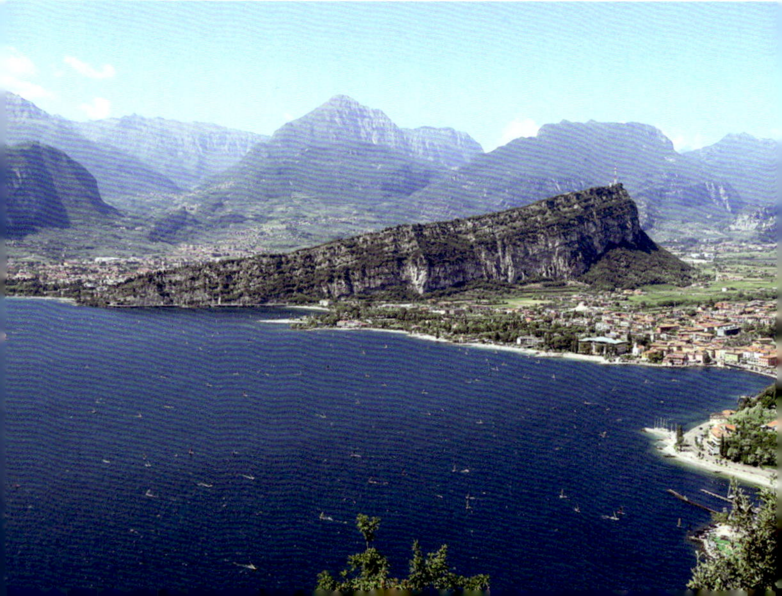

Nach knapp 1 Std. erreichen Sie ein bewaldetes Plateau mit Pflasterung und alten Mauern ❷ (km 3,9, 355 m). Hier zwängen Sie sich rechts durch eine Klamm im Fels (E, Malga Zures 0:45). Nach 200 m folgen Sie dem im Schützengraben aus dem Ersten Weltkrieg verlaufenden Friedenspfad links abwärts (601 Malga Zures). Nach rechts geht es hier zu einem schönen Aussichtspunkt (➲ 2 x 20 m). Nach 80 m erreichen Sie bei einem bewaldeten Sattel vor einer Felswand eine Abzweigung: Der Friedenspfad zweigt links ab (E) und führt mit weiter Aussicht leicht ausgesetzt an einem Felsen entlang und kurz darauf durch einen engen Felsspalt.

Variante für nicht Schwindelfreie

(➲ genauso lang wie die reguläre Route)

Wenn Sie deutlich breiter als 0,5 m oder nicht schwindelfrei sind, nehmen Sie in dem Sattel lieber die rechte Variante (601), die über einen am Schluss etwas gerölligen, aber sonst einfachen Weg führt und nach 200 m wieder auf die Hauptroute stößt.

Nach 30 Min. queren Sie eine Straße und folgen dem Fußweg geradeaus (601 Malga Zures). 200 m weiter gehen Sie rechts auf der Straße aufwärts und erreichen links ein altes Gebäude mit der dahinterliegenden **Malga Zures** ❸ (km 4,9, ⇧ 690 m), einer früheren Almwiese.

Lohnend ist rechts der 705 m hohe Gipfel, in wenigen Minuten über einen kleinen Pfad zu erreichen (➲ 2 x 70 m).

Von dem Haus bei Malga Zures folgen Sie noch 100 m der Straße, ehe es rechts bei einer Schranke in einen Waldweg geht (601 Doss Casina), nach kurzem Anstieg über/unter einer Schranke hindurch. Nach 150 m ignorieren Sie den rechts abzweigenden Pfad Richtung Traole und nehmen dann nach 20 m den rechts abzweigenden Weg (rw, Gardatrek Medium). Geradeaus ginge es aufwärts zur Madonna del Faggio. Nach 150 m nehmen Sie bei der Gabelung mit einem blauen Pfahl den Weg links leicht abwärts, einen kleinen Forstweg (später blaue Markierung). Nach 30 Min. gabelt sich der Weg 50 m nach einer Linkskurve (km 7,5, ⇧ 590 m): Hier gehen Sie rechts (Gardatrek Medium) und nach 50 m scharf rechts auf dem rot markierten Pfad ❹ (rote Schrift: 20 kv) weiter. Nach 50 m biegen Sie bei einer Gabelung scharf links ab, es geht leicht abwärts (rote Pfeile/Punkte).

Nach 30 Min. beginnt ein etwas steilerer, 10-minütiger Abstieg über steinige Serpentinen – rund 100 Höhenmeter geht es abwärts. Nach 10 Min. ignorieren

Sie in einer scharfen Linkskurve mit Markierung „SET" den rechts abzweigenden Pfad (blaue und rote Markierung) und erreichen nach 10 Min. stellenweise steilen Abstiegs eine Schotterstraße ❺, der Sie in Kehren Richtung Tempesta abwärts folgen. Nach 15 Min. auf der Schotterstraße biegen Sie scharf rechts ab (km 10,6, ⇧ 210 m, Holzschild: Sentiero Panoramico), während der Forstweg weiter abwärts nach Tempesta führt.

Panoramaweg Bussate-Tempesta

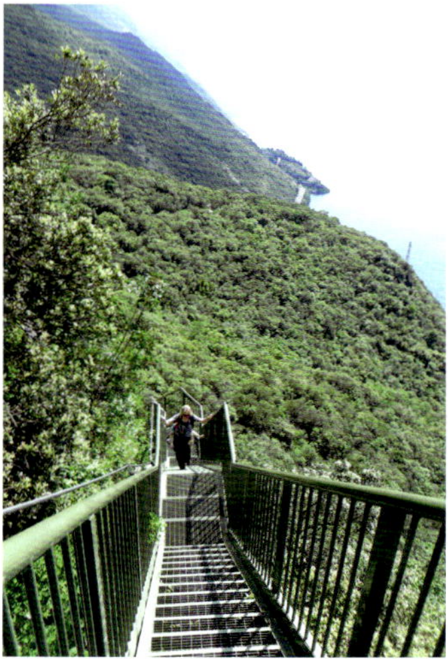

10 Min. später folgen Sie bei einer Tafel mit Karte links dem Panoramaweg zum Parco Busatte (Torbole 1.30), der eine Stunde lang tolle Aussichten, Treppen, Sitzgelegenheiten und naturkundliche Infotafeln bietet. In Abständen von etwa 20 Min. erwarten Sie drei Aufstiege, wo mit gut gesicherten Metalltreppen lange Felspassagen überbrückt werden (erst 33, dann 253, danach 123 Stufen, ❻). Jeweils kurz darauf laden Bänke zu kurzen Pausen mit schönem Ausblick ein.

Kurz hinter einem felstrümmerübersäten Hang aus der letzten Eiszeit endet der Panoramaweg bei einer Infotafel und einem 3 m hohem Felsblock ❼ (km 14,1, ⇧ 195 m). Sie folgen dem Weg geradeaus, der den Parco Busatte quert, einen Outdoor-Freizeitpark vor allem für Mountainbiker. Hinter der Holzhütte (Eintrittshaus) gehen Sie rechts aufwärts (Wegweiser nach Torbole) und weiter am Wald-/Wiesenrand mit Tischen und Bänken zum Parkeingang mit Bar-Restaurant (in der Saison täglich 12:00 bis 15:00 sowie abends, www.lebusatte.com) und **P** Parkplatz. Dort folgen Sie dem Schotterweg rechts neben dem Parkplatz abwärts und wandern danach geradeaus abwärts links neben Mauern. Eine knieschonende Alternativ ist links die Straße. Der Weg mündet in eine Straße, der Sie 70 m Richtung See folgen, um in einer Linkskurve der Straße rechts den steinigen Fußweg abwärts zu nehmen, mit nettem Aussichtspunkt. Sie halten sich rechts und queren eine Straße. In Torbole wandern Sie zuletzt rechts an der Touristinfo vorbei und geradeaus auf einer kleinen Gasse schließlich durch einen Hausbogen wieder auf die Pia. Goethe im Zentrum.

i Touristinfo Torbole, Via Lungolago Conca d'Oro, 25, 38069 Torbole, ☏ 04 64 50 51 77, täglich 9:00 bis 13:00 und 15:00 bis 19:00

2 Wanderung zu Gletschertöpfen und Castel Penede

Tour für geologisch und geschichtlich Interessierte

Diese Rundwanderung bietet auf kurzer Strecke mehrere landschaftliche Höhepunkte und tolle Aussichten. Nach kurzem Anstieg erreichen Sie die Marmitte dei Giganti – eiszeitlich entstandene trichterförmige Vertiefungen im Felsen. Vorbei an einer alten österreichischen Festung und einem Park geht es weiter zum Castel Penede mit weiten Aussichten auf den Gardasee. Zurück nach Torbole wandern Sie auf der alten Römerstraße Strada Lucia.

- Start/Ziel: Torbole, Bushaltestelle/Supermarkt, GPS N 45°52,261' E 010°52,545'
- 5,7 km
- 2 Std. 30 Min.
- 305 m/305 m. An-/Abstieg überwiegend am Stück
- 65-275 m
- Beschilderung zu den „Marmitte", teilweise rote Punkte, rot-weiß (rw)
- Rastplätze/Sitzbänke kurz vor und hinter Castel Penede (km 3 und 3,7)
- mehrere Restaurants in Nago (km 2,3) sowie am Start/Ziel in Torbole
- Bar bei Marmitte dei Giganti (km 1,7), Bar in Nago (km 2,3)
- Supermarkt coop am Start/Ziel in Torbole
- interessant für Kinder wegen der Felstöpfe und der Burgruine, nicht zu lang
- für Buggys nicht geeignet
- auf einem kurzen Abschnitt Stufen (bei Marmitte dei Giganti) sowie zwei bis drei Querungen stark befahrener Straßen
- P (gebührenpflichtiger) Parkplatz in Torbole (€ 1,50/Std., z. B. GPS N 45°52.328' E 010°52.490') oder Nago (GPS N 45°52.715' E 010°53.347')
- Torbole ist von Riva, Rovereto und aus dem Süden gut mit dem Linienbus erreichbar.
- Schiffsverbindungen nach/von Riva und Richtung Süden, etwa Limone, Malcésine. Der Schiffsanleger liegt 200 m südlich vom Zentrum bzw. vom Startpunkt.

Die Rundwanderung beginnt an der Bushaltestelle von Torbole neben dem Supermarkt (coop). Sie folgen der von Mauern eingerahmten Straße, die zwischen Tankstelle (links) und Supermarkt (rechts) landeinwärts führt (Strada Piccola). Kurzzeitig können Sie links auf einem Bürgersteig gehen, an dessen Ende links ein Pfad zum Hauptparkplatz von Torbole führt. Sie folgen der Strada Piccola geradeaus, bis diese 10 Min. nach dem Start in die Strada Grande einmündet, auf der Sie rechts gehen – weiter landeinwärts.

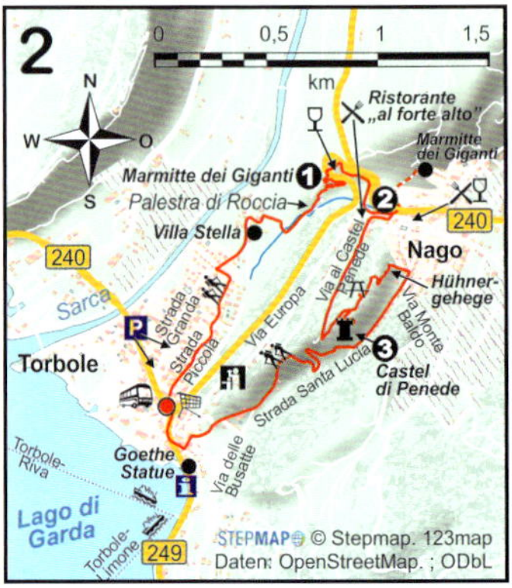

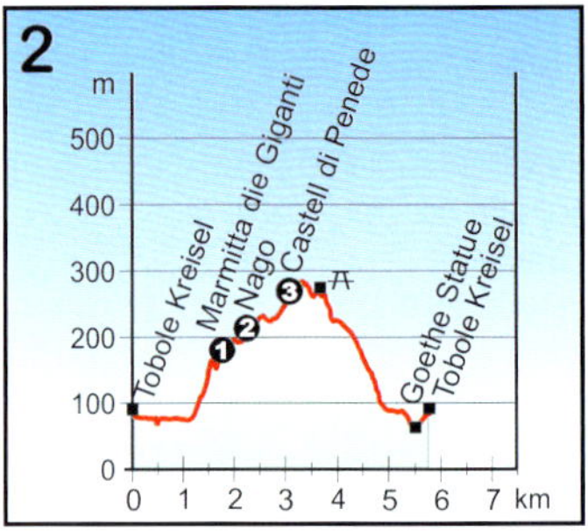

Nach 5 Min. (km 1) folgen Sie bei der Villa Stella rechts der Beschilderung „Sentiero Marmitte dei Giganti“. Nach 50 m halten Sie sich links und folgen nach 30 m rechts dem Schotter-/Spurweg („Sentiero dei Giganti“) durch Weingärten und später an Olivenbäumen vorbei. Leicht aufwärts geht es erst durch eine Rechts- und dann durch eine Linkskurve und neben einem kanalisierten Bach weiter.

Sie überqueren den Bach. Dahinter erheben sich links steile Felswände. 70 m nach der Bachquerung halten Sie sich bei einer Gabelung links und folgen dem kleinen Schotterweg leicht aufwärts durch den Olivenhain, links neben dem Bach. Dieses von Felswänden umgebene Tal heißt „Palestra di Roccia“. Vermutlich handelt es sich dabei um das „Felsamphitheater“, das Goethe bei seinem Torbole-Aufenthalt 1786 beschrieben hat: „indem ich in das Fels-Amphitheater hinabstieg, fand ich die ersten Ölbäume voller Oliven.“

100 m nach der Gabelung geht es vor einem Holzzaun links aufwärts (Schild „Marmitte“). Nach 10 Min. erreichen Sie einen Treppenweg (km 1,6, ⇧ 160 m). Dieser führt links hinunter zu den ersten „Marmitte dei Giganti“ ❶ (↑ ↓ jeweils 70 m), wo links ein Stollen im Felsen an die Zeit vor dem Ersten Weltkrieg erinnert. Rechts führt eine 8 m hohe Leiter zur Basis eines weiteren Gletschertopfes.

Marmitte dei Giganti – eiszeitliche Riesenkessel

Die „**Marmitte dei Giganti**“, also „Kessel der Riesen“, sind sogenannte Gletschertöpfen, die in der Vereisungsperiode vor 70.000 bis 10.000 Jahren entstanden sind. Das Schmelzwasser lief in die Spalten der seinerzeit bis zu 1 km mächtigen Gletscher und bildete dort Strudel, die Felsblöcke abtrugen und Löcher in dem weicheren Gestein (wie Mergel) formten. So entstanden topfartige Aushöhlungen im Fels. Diese sogenannten „Riesenkessel“ von Torbole gelten als die bekanntesten des Alpenraumes.

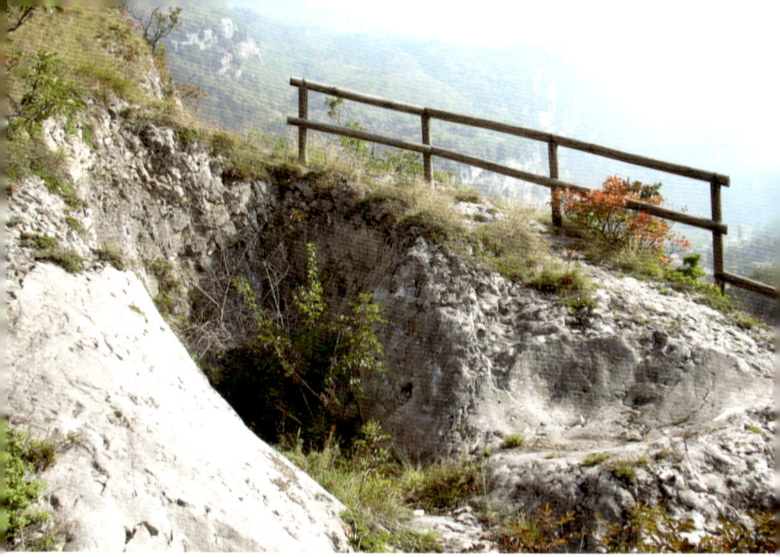

Gletschertopf oberhalb von Nago

Sie folgen dem Treppenweg aufwärts zur stark befahrenen Straße 240. Dort geht es vorsichtig nach links. Nach 30 m erreichen Sie bei einem kleinen Parkplatz einen schönen Aussichtspunkt oberhalb der Marmitte dei Giganti.

Bar Sesto Grado auf der rechten Seite der Straße, 32 96 38 88 50

Sie queren die Straße und folgen dem geschotterten Fußweg links an der Bar vorbei und gemächlich aufwärts. Nach rechts haben Sie einen schönen Blick auf den Gardasee. Nach 10 Min. erreichen Sie bei einem Kreisverkehr den Ortsanfang von Nago ❷ (km 2,3, ⇧ 215 m).

Vorne rechts gibt es einige Einkehrgelegenheiten, u. a. TexMexFood und eine Pizzeria.

Eine Bar liegt etwa 100 m vom Kreisverkehr entfernt, Sie folgen der Straße rechts neben der Hauptstraße (Via S. Sighele). Die Dorfbar liegt auf der linken Seite.

Abstecher zu weiteren Gletschertöpfen (2 x 10 Min.)

Oberhalb von Nago gibt es weitere Marmitte dei Giganti, also Gletschertöpfe, die zwar deutlich kleiner sind als die weiter unten, aber eine schöne trichterartige Form haben und sich in aussichtsreicher Lage befinden. Der Weg dorthin ist teilweise mit einem roten Punkt markiert.

Am Kreisverkehr nehmen Sie auf der anderen (nördlichen) Seite die Abfahrt aufwärts mit dem Schild „Nido d'Aquila" (rot-weiß markiert, u. a. Klettergarten – Belvedere). Der Asphaltbelag geht nach 10 m in Kopfsteinpflaster über. Nach 150 m folgen Sie dem Spurweg geradeaus aufwärts (verblichener roter Punkt) und gehen nach 70 m bei der Gabelung mit einer Holztafel rechts aufwärts (roter Punkt, Holzschild „Castagneto"). Nach 70 m stoßen Sie links vom Holzgeländer auf das erste trichterförmige Toteisloch. Es folgen weitere.

Diese **Marmitte** sind zwar nur bis zu 2,5 m tief, aber schöner geformt als die ersten weiter unten. Nach der Besichtigung geht es wieder zurück zum Kreisverkehr am Ortsanfang von Nago.

An dem Kreisverkehr nehmen Sie von unten kommend rechts (südliche Richtung) die Stufen zur asphaltierten Straße aufwärts, um dieser hinauf zum „Parco di Castel Penede" zu folgen. Nach 80 m geht es links an der 1860 von den Österreichern erbauten Festung von Nago vorbei, heute ein Restaurant.

✗ Ristorante „al forte alto" in der alten Festung, ☏ 04 64 50 55 66, www.alfortealto.it, Sa & So ab 12:00, sonst erst ab 19:00

schöner Aussichtspunkt 30 m rechts hinter dem Restaurant

Nach 10 Min. erreichen Sie den von Mauern umgebenen „Parco di Castel Penede" mit einigen Tischen und Bänken unten. Sie folgen im Park dem Schottterweg leicht links aufwärts, halten sich 100 m nach dem Eingang bei einer Gabelung links und wandern weiter aufwärts. Nach 5 Min. ist der Eingang zur strategisch günstig gelegenen Burg Castel di Penede ❸ erreicht (km 3,8, ⇧ 275 m).

Castel di Penede wurde 1210 erstmals urkundlich erwähnt und 1702 von den Franzosen zerstört. Frühere Spuren von Galliern und Römern wurden nachgewiesen. Die Burganlage kann seit einiger Zeit betreten werden. Von der Burganlage bieten sich weite Blicke auf die Umgebung.

Von der Burg geht es zunächst auf demselben Weg wie beim Aufstieg zurück. 30 m nach der Burg nehmen Sie in einer Linkskurve den rechts abzweigenden Pfad, der nach 50 m links an einem Picknicktisch vorbeiführt. 80 m danach führt links ein kurzer Abstecher zu einem weiteren Picknicktisch mit schöner Aussicht auf den See. Weiter geht es auf dem Weg am bewaldeten Kamm entlang, bis nach wenigen Minuten, 300 m nach der Burg, ein Hühnergehege erreicht wird. Dort nehmen Sie den rechts abzweigenden Weg und halten sich nach wenigen Metern bei einer Gabelung links – der Weg steigt kurzzeitig an, um dann nach Nago abwärts zu führen.

Nach 5 Min. geht es unter einem Haus hindurch und Sie erreichen eine Straße, der Sie rechts abwärts folgen. Nach wenigen Metern laufen Sie bei einer Gabelung mit einem blauem „P" nach rechts (Schild: Fußweg Torbole) und wandern auf der alten Römerstraße „Strada St. Lucia" durch Olivenhaine, die Schauplatz eines spektakulären Schiffstransports im 15. Jh. waren (☞ Kasten bei Tour 1).

Nach knapp 30 Min. Abstieg erreichen Sie eine Gabelung mit Haus Nr. 10 links und einem Holztor rechts (km 5,3, ⇧ 90 m). Hier nehmen Sie rechts den gepflasterten Weg (rw). Nach 200 m wandern Sie bei einem Stoppschild und einer größeren Straße dahinter geradeaus abwärts. Rechts ist der Olivengarten, eine öffentliche Parkanlage mit Picknickplätzen und den angeblich ältesten Olivenbäumen am Gardasee. Weiter geht es geradeaus abwärts, auch bei der nächsten Straße nach etwa 50 m. ✋ Radler haben Vorrang.

Nach 200 m mündet der Radweg auf die Piazza Goethe. Schräg gegenüber, an einem grünen Haus, erinnert eine Tafel an den Aufenthalts Goethes in Torbole. Hinter dem Platz liegt der Hafen. Nach links geht es entlang der Uferpromenade zum Schiffsanleger (200 m), nach rechts entlang der Hauptstraße zum Kreisverkehr mit dem Startpunkt bei der Bushaltestelle (200 m) und kurz dahinter dem Parkplatz.

Am Hafen von Torbole

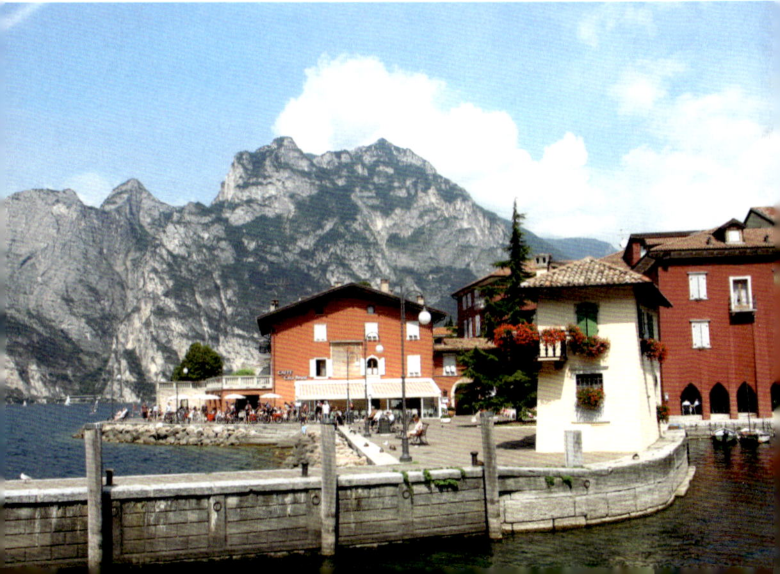

3 Wanderung durch das Tennotal

Tour für Landschaftsgenießer

Diese Streckenwanderung führt Sie durch ein Hochtal mit dem bekannten Tennosee oberhalb von Riva. Sie wandern anfangs auf einsamen Waldwegen, ehe Sie den schön gelegenen Tennosee erreichen, den Sie umrunden oder nur oberhalb passieren können, bevor Sie das liebevoll restaurierte mittelalterliche Dorf Canale erreichen. Weiter geht es abwärts, schließlich durch Tenno, dessen in Privatbesitz befindliche Burg den Beginn des Hochtals markiert. Nach etwas steilerem Abstieg erreichen Sie den Wasserfall von Varone.

→ Start: Ballino, Bushaltestelle hinter der Kirche, GPS N 45°57.901‘ E 010°48.697‘; Ziel: Cascate Varone, Bushaltestelle und Parkplatz, GPS N 45°54.685‘ E 010°50.067‘

10,6 km

3 Std.

↑ ↓ 200 m/795 m. Abstieg anfangs mäßig, kurz nach Tenno etwas steiler

⇧ 155-810 m

Wegweiser, blaue & rot-weiße Markierungen (rw), Nr. 406, 401

Rastplätze/Sitzbänke am Tennosee (km 5,5), kurz vor Canale (km 5,9) und kurz nach Tenno (km 9,6)

Einkehrgelegenheiten am Tennosee (km 5), bei Canale (km 6,9), in Tenno (km 8,9) und kurz vor/am Ziel

Bar/Kiosk am Tennosee (km 5,5), Bar al Borgo bei Canale (km 6,9)

kleiner Lebensmittelladen bei Canale

Bademöglichkeit am Tennosee (km 5,2)

Für Kinder interessante Höhepunkte sind der See und der Wasserfall am Schluss.

Mit Buggys ist die Tour bedingt machbar – im oberen Teil zwischen Ballino und Canale sowie am See.

Am Tennosee gilt von Anfang Juni bis Ende Sept ein Hundeverbot. Allerdings kann man mit Hund links oberhalb am See entlanggehen (☞ Variante).

P (gebührenpflichtige) Parkplätze in Riva (GPS N 45°53.244’ E 010°50.529’), am Tennosee (GPS N 45°56.128’ E 010°48.694’) sowie bei der Cascata Varone (GPS N 45°54.725’ E 010°50.246’, nur für Besucher des Wasserfalls)

Start- und Zielpunkt sind beide mit dem Linienbus erreichbar. Nach Ballino fährt die Linie 211 ab Riva-Busbahnhof (Dauer: 35 Min.). Einzige brauchbare Verbindung ist werktags 12:50. Ab Cascate Varone fährt stündlich der Stadtbus Linie 2 nach Riva (um 06 nach voll). Alternativ macht man die Wanderung andersherum: Rückfahrten ab Ballino mit der 211 um 14:13.

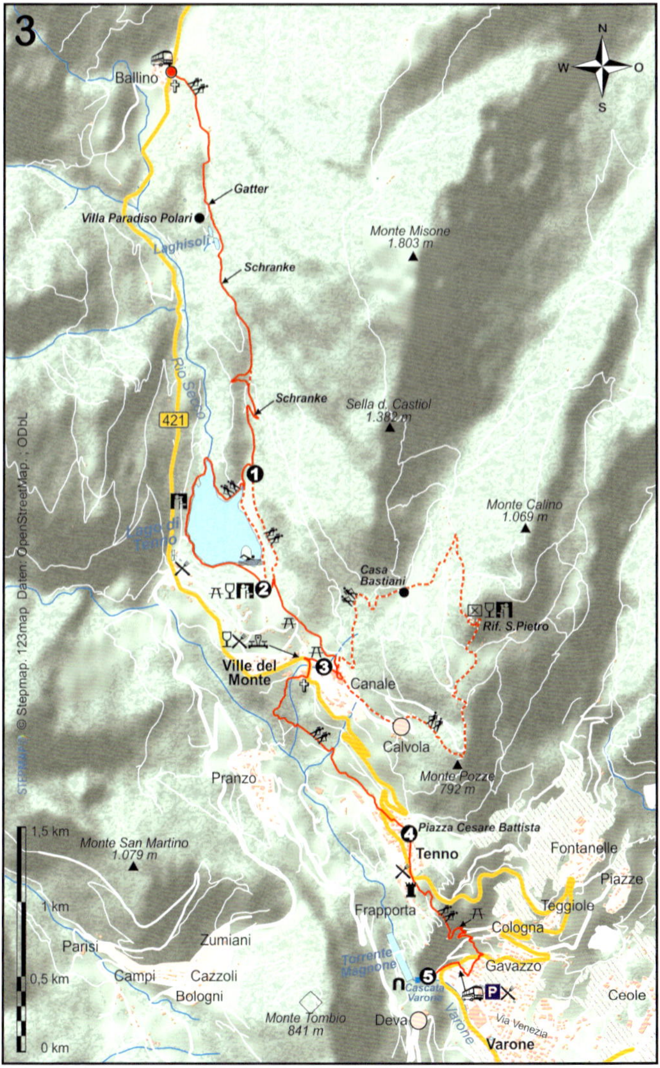
3
N
W
O
S
Ballino
Gatter
Villa Paradiso Polari
Laghisol
Schranke
Monte Misone
1.803 m
Rio Secco
Schranke
Sella d. Castiol
1.382 m
421
Lago di Tenno
Monte Calino
1.069 m
Casa Bastiani
Rif. S.Pietro
Ville del Monte
Canale
Calvola
Pranzo
Monte Pozze
792 m
Piazza Cesare Battista
Tenno
Fontanelle
Piazze
Monte San Martino
1.079 m
Frapporta
Teggiole
Cologna
Parisi
Zumiani
Torrente Magnone
Gavazzo
Campi
Cazzoli
Cascata Varone
Bologni
Ceole
Monte Tombio
841 m
Deva
Varone
Via Venezia
Varone
1,5 km
1 km
0,5 km
0 km
STEPMAP © Stepmap. 123map Daten: OpenStreetMap ; ODbL

Die Wanderung beginnt in **Ballino**, im Mittelalter eine Zollstation, an der Kirche. Dort geht es auf dem links an der Kirche vorbeiführenden Sträßchen aufwärts (406, rot-weiß sowie Schild „Località Castil"). Nach 10 Min. halten Sie sich bei einer Gabelung auf einer freien Fläche links und lassen das Haus (Castil) links liegen. Nach 70 m geht es auf dem Schotterweg geradeaus Richtung Villa Paradiso Polari (406, rw). Sie folgen dem Weg durch Wald und ignorieren Abzweigungen, auch bei der nach 150 m folgenden Rechtskurve.

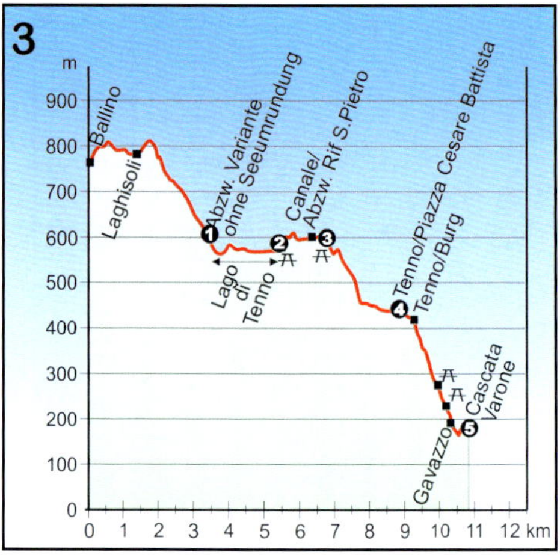

Nach 10 Min. biegen Sie 30 m vor einem privaten Anwesen mit einem Gatter davor auf den links abzweigenden Schotterweg ab (Schild Waldbrandgefahr). Nach 200 m liegt rechts im Wald eine Senke mit versteckt hinter Bäumen liegenden Tümpeln (Laghisoli). ↳ Rechts führt ein Pfad dorthin (➲ 2 x 50 m), aber es ist nicht viel zu sehen. Auf dem weiteren Weg passieren Sie nach 5 Min. eine gelb-grüne Schranke und folgen dem Weg im weiteren Verlauf abwärts, wobei Sie sich bei Gabelungen links halten.

Nach 10 Min. bieten sich zwei Möglichkeiten (km 2,3, ⇧ 725 m): entweder – kürzer – links abwärts über den etwas steinigen Pfad oder – leichter und länger – geradeaus auf dem Schotterweg in einer scharfen Linkskurve abwärts. Kurz vor einer steilen Felswand führen beide Varianten wieder zusammen.

Knapp 1 km später stehen Sie links oberhalb vom **Lago di Tenno ❶**, der durch einen Bergsturz vor mehr als 3.000 Jahren aufgestaut wurde. Die Route führt rechts (westlich) um den maximal 48 m und im Mittel 20 m tiefen See. Dazu folgen Sie dem Weg scharf rechts abwärts zum See und dann dem Uferweg gegen den Uhrzeigersinn um den See herum. Auf der Nordseite geht es über das meist trockene Bachtal des Rio Secco, der den Tennosee nur zu einem Teil speist. Der andere Teil stammt aus unterseeischen Quellen. Von den Uferwegen auf der West- und Ostseite bieten sich tolle Blicke auf den oft türkisblau erscheinenden

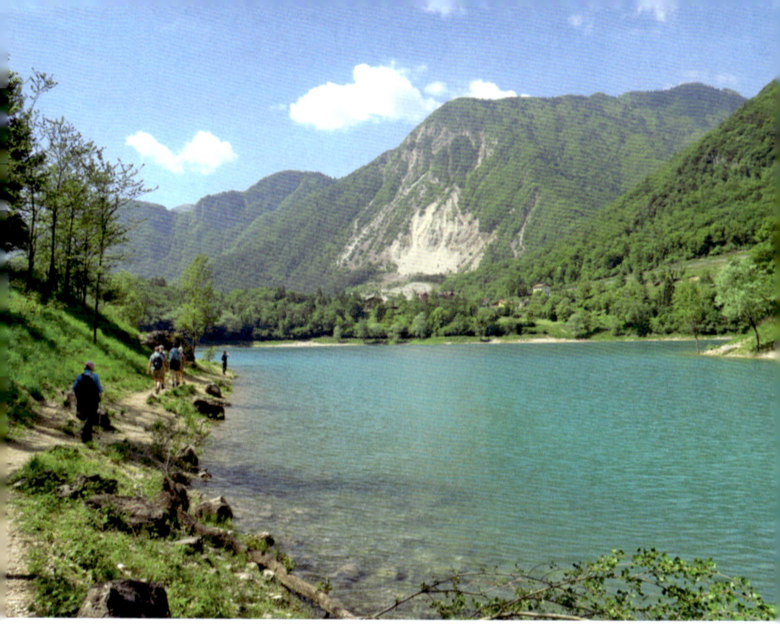

Tennosee

See mit seiner kleinen Insel und die Berge ringsum. Da der **Tennosee** keinen oberirdischen Abfluss hat, schwankt der Wasserspiegel beträchlich, sodass die Insel bei Niedrigwasser zu Fuß erreicht werden kann.

⇘ Direkter Weg ohne See-Umrundung

(➲ 800 m statt 2 km)

Nach starken Regenfällen und in Zeiten der Schneeschmelze kann der Seespiegel um bis zu 15 m ansteigen und der Weg um den See herum unpassierbar sein. Dann folgen Sie dem Weg geradeaus am Hang, statt rechts zum See hinunterzugehen. Nach 10 bis 15 Min. treffen beide Wege oberhalb der Bar wieder zusammen.

Der Lago di Tenno gilt als einer der saubersten Süßwasserseen Italiens und wird im Sommer gerne zum Baden genutzt. Die Badestelle liegt im Südwesten des Sees, unweit vom Hotel.

✕ Località Lago di Tenno, ☏ 04 64 50 21 21, www.stellaalpinatenno.com, täglich. Hotel-Bar-Ristorante mit Terrasse oberhalb vom See an der Straße, vom Ufer über eine Treppe zu erreichen

Nach dem Uferweg erreichen Sie auf der Südseite nach kurzem Anstieg einen Pausenplatz mit Tischen, Bänken, WC und einer Bar ❷ (km 5,5, ⇧ 580 m):

Bar/Kiosk oberhalb vom Tennosee mit Pausenplatz und einer schönen Sicht auf den See, täglich von Ostern bis Ende September, ☹ leider nur mit Getränken in Einwegbechern

Vom Pausenplatz geht es kurz aufwärts und weiter rechts auf Weg 406 (Schild „Borgo medievale Canale"/„Strada al Lago"). Der Weg führt zwischen alten Terrassengärten am Hang entlang. Nach 5 Min. folgt ein kleiner Pausenplatz mit Tischen und Bänken kurz vor Canale (km 5,9).

Bei der Gabelung an dem Pausenplatz folgen Sie links dem gepflasterten Weg mit Holzgeländer (Canale 0.10).

Der Weg führt direkt zum Dorf **Canale**, einem sorgsam restaurierten mittelalterlichen Dorf (km 6,3, ⇧ 600 m), das als Künstlerkolonie gilt und zur Trentiner Gemeinde Ville del Monte gehört. Zu Beginn geht es unter einem Haus hindurch, weitere Unterquerungen folgen.

Variante zur aussichtsreichen Schutzhütte San Pietro

(➲ 8 km, ⇧ 350 m, ⌛ 2,5 Std.)

Diese Variante führt als 8 km lange Rundwanderung zur Schutzhütte S. Pietro, die in 960 m Höhe einen tollen Ausblick über den Gardasee bietet. Der Weg ist rot-weiß markiert und mit 406 und 401 gekennzeichnet.

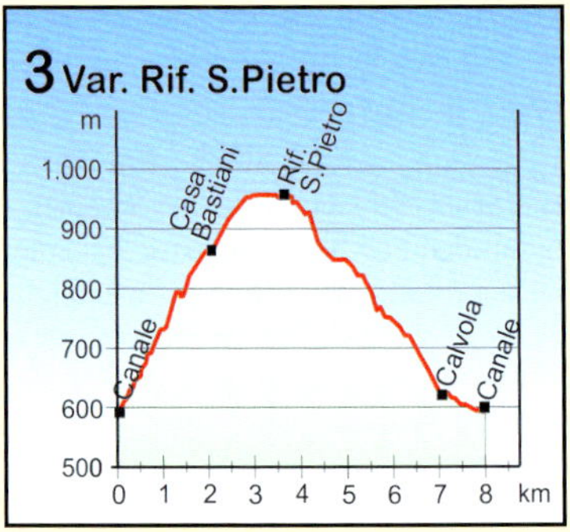

In Canale halten Sie sich links. 50 m nach dem Ortsende weist ein Schild den Weg (406 Rif. M.Calina S.Pietro 0.40). Nach 40 Min. halten Sie sich bei einer Gabelung von Hohlwegen rechts und wandern 5 Min. später bei einer Gabelung mit Haus (Casa Bastiani) geradeaus. Nach 10 Min. folgen Sie der Asphaltstraße links und nach weiteren 5 Min. bei einer Gabelung rechts dem Weg Richtung Berghütte „Rif. S.Pietro" (0.15), die bald erreicht ist.

bewirtschaftete Berghütte San Pietro mit schöner Aussichtsterrasse (⇧ 960 m), Juni bis Sept täglich, sonst am Wochenende. ✞ Die Tür zu der (einfachen) Kapelle wird auf Wunsch aufgeschlossen.

Von der Hütte geht es auf dem rot-weiß markierten Waldpfad abwärts, anfangs recht steil. Nach 15 Min., nach einem steileren Abstieg, wandern Sie bei einer Kreuzung geradeaus und nach 100 m auf dem Schotterweg rechts, ehe es nach 5 Min. bei der Gabelung links abwärts geht.

Nach 10 Min. nehmen Sie in einer scharfen Rechtskurve den links vor der Leitplanke hinabführenden Pfad (rw) und erreichen bald darauf Calvola, wo Sie die Straße queren und abwärts gehen („Sent. del Salt Tenno"). Oberhalb vom Dorfplatz halten Sie sich rechts und folgen dem Hangweg mit Holzgeländer zur Linken. Nach etwa 15 Min. erreichen Sie wieder Canale.

In der Dorfmitte folgen Sie dem Weg rechts abwärts oder drehen erst eine kurze Runde durch das Dorf. Am Dorfende gehen Sie rechts abwärts auf den mit Natursteinen gepflasterten Weg (406B), der in einer scharfer Linkskurve mit ⩩ Bank ❸ über den Bach und hinunter führt – zur Hauptstraße, wo sich Einkehr- und Einkaufsgelegenheiten zur Versorgung anbieten (km 6,8, ⇧ 560 m).

🍷 Bar al Borgo, direkt an der Hauptstraße, ☏ 33 96 75 06 25, 🚪 Do Ruhetag

✕ Hotel-Pizzeria Cristina, oberhalb der Bar, ☏ 046 46/50 21 87, 💻 www.hotel-cristina.com, 🚪 zur Mittagszeit täglich

🛒 kleiner Supermarkt (coop), Via S. Antonio, neben dem Hotel Cristina, 🚪 Mo bis Sa 9:00 bis 12:00

Von Canale kommend folgen Sie der Hauptstraße 100 m nach links, nehmen vor der Kirche die rechts abwärts führende kleine Straße (Via Villa Sant'Antonio) und ignorieren den links abzweigenden Weg. Nach 70 m halten Sie sich bei zwei Gabelungen links und folgen dem Fußweg mit Holzgeländer abwärts am Hang entlang. Nach 200 m ignorieren Sie die Abzweigung nach links unten und wandern weiter geradeaus, neben dem Holzgeländer her. Bei den folgenden Abzweigungen halten Sie sich immer links.

Kurz vor Tenno (km 8,4, ⇧ 435 m) folgen Sie bei einer Gabelung dem Schotterweg links aufwärts, der in die Hauptstraße mündet. Dort geht es links aufwärts und nach 70 m in der scharfen Linkskurve geradeaus auf der kleinen Straße (Via Dante Alighieri) in den Ort Tenno (rw). Sie folgen diesem Weg geradeaus abwärts durch den mittelalterlichen Ortskern des 2.000 Einwohner zählenden Dorfes, vorbei am Rathaus und über die Piazza Cesare Battista mit ⩩ Bänken und Brunnen ❹ bis zur Hauptstraße und zur kurz darauf sichtbaren Burg (km 9).

♜ Die **Burg von Tenno** wurde im 12. Jh. auf Fundamenten römischer Bauten errichtet und 1703 von Franzosen zerstört. Der 48 m hohe, viereckige Burgfried stürzte 1920 ein – eine Spätfolge der Kriegsschäden aus dem Ersten Weltkrieg –

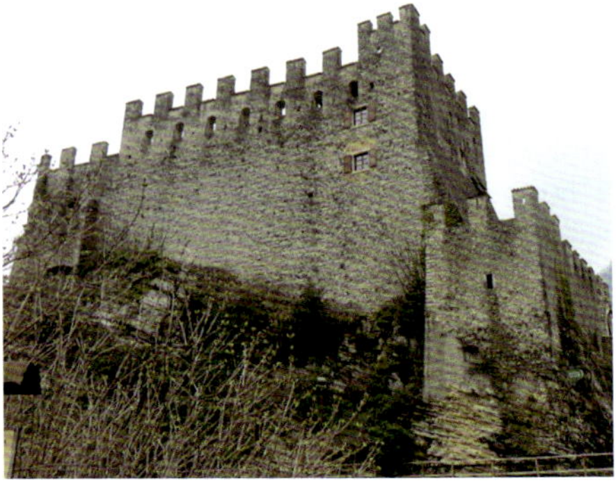
Burg von Tenno

und wurde 1922 aus Sicherheitsgründen gesprengt. Die Burg ist anders als bei früheren Besitzern für die Öffentlichkeit geschlossen, seit sie 1997 vom ehemaligen deutschen Postchef Klaus Zumwinkel gekauft wurde, der € 1,5 Mio. für die Burg gezahlt und diese aufwendig ausgebaut haben soll – unter anderem mit Schwimmbad und Wellnessbereich. Heute wird der Wert der Immobilie auf € 6 Mio. geschätzt. Die Vorbesitzer, zwei Ingenieure aus Luxemburg/Belgien, hatten hinter den Mauern übrigens eine Fabrik für Mikroelektronik eingerichtet.

✕ Ristorante-Bar Castello, Viaper San Lorenzo 29, hinter der Burg, ☏ 04 64 50 06 38, www.ristorantecastellotenno.com, Mi Ruhetag

♦ Ristorante Antica Croce, Via dei Laghi 1, vor der Burg, ☏ 04 64 50 06 20, www.anticacroce.com

Sie verlassen Tenno auf dem links unterhalb der Burg abwärts führenden Fußweg (rw, 401, u. a. Varone 0.30), der durch eine tiefe Schlucht unterhalb der Tenno-Burg verläuft. Bei Abzweigungen halten Sie sich links. Nach 15 Min. lädt bei einer breiteren Stelle eine Bank zur Rast ein (km 9,7, ⇧ 270 m). 10 m nach der Bank, am Ende des Metallgeländers, nehmen Sie den rechts abwärts führenden gepflasterten Fußweg (rw), der oberhalb von Cologna in eine Straße mit Betonbelag mündet (Via al Cingol ros). Dieser folgen Sie rechts (abwärts) in Serpentinen durch ein Olivenanbaugebiet.

Nach 5 Min. geht es bei einer T-Kreuzung rechts weiter abwärts (401 Varone). 20 m weiter steht an der linken Seite ein Tisch mit Bank. Gleich hinter dem Tisch mit Bank weist Ihnen links ein roter Pfeil eine (anfangs betonierte) Abkürzung durch den Olivenhain abwärts. Folgen Sie ihm. Nach 5 Min. erreichen Sie beim Ortsteil Gavazzo wieder die Straße und queren diese.

Weiter geht es geradeaus, rechts neben dem roten Hydranten her und die Treppenstufen herunter (Via Giacomo Bozzoni). Nach den Stufen folgen Sie der Straße geradeaus abwärts (Parkverbotsschild).

Nun ist es nicht mehr weit bis zum Ziel: Nach 100 m erreichen Sie eine T-Kreuzung mit einer weiteren Einkehrgelegenheit (links):

✕ Albergo Varone, ☏ 04 64 55 06 39, täglich

Bei der T-Kreuzung folgen Sie der Straße rechts und erreichen nach 30 m rechts einen großen Parkplatz mit Bushaltestelle, wo die Buslinie 2 nach Riva fährt (rechte Seite). Zur Cascata Varone sind es vom Parkplatz bzw. von der Haltestelle nur noch 200 m:

Sie nehmen rechts die Treppe aufwärts, queren die Hauptstraße und gehen auf dem kurzen Höhenweg oberhalb der Straße zum Wasserfall ❺.

⌘ Bei der **Cascata Varone** stürzt Wasser des Torrente Magnone durch einen Felsspalt 98 m tief hinunter in den Fluss Varone. Unter dem durch eiszeitliches Schmelzwasser entstandenen Spalt liegen zwei Grotten, die 1870 durch einen Tunnel miteinander verbunden wurden. Von Brücken aus kann man das spektakulär herunterfallende Wasser beobachten. Der wohl bekannteste deutsche Besucher war 1901 Thomas Mann, der die Eindrücke in seinem „Zauberberg" literarisch verarbeitete: „Vor dem Hintergrund der engen, tiefen Schlucht, die von dicken, nackten, glitschigen Felsbrocken gebildet wird, die wie enorme Fischbäuche anmuten, stürzt die Wassermasse mit ohrenbetäubendem Getöse herunter. Die wahnsinnige, mächtige Dusche betäubte, machte Angst und verursachte Halluzinationen des Gehörs."

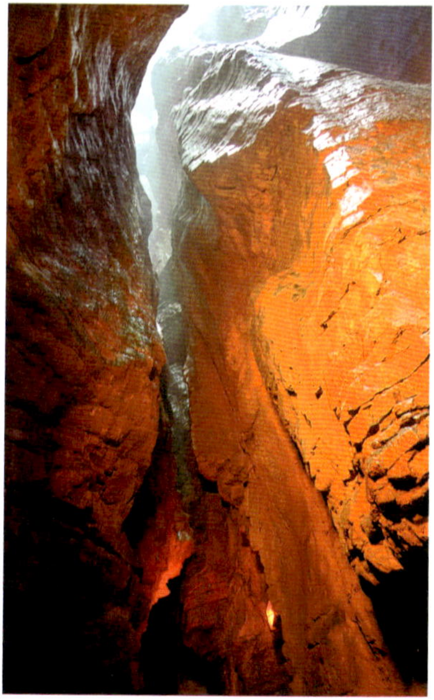

Cascata Varone

♦ täglich, März und Okt 9:00 bis 17:00, April und Sept 9:00 bis 18:00, Mai bis Aug 9:00 bis 19:00, Eintritt etwa € 6, 💻 www.cascata-varone.com

4 Panoramarundwanderung auf den Monte Brione

Tour für geschichtlich Interessierte

Diese kurze Rundtour führt als aussichtsreiche Wanderung über den Kamm des Monte Brione, der im Norden des Gardasees die beiden Orte Riva und Torbole wie ein schief aufragendes Felsplateau voneinander trennt. Von oben bietet sich ein weiter Blick gen Süden auf den im Norden an einen Fjord erinnernden Gardasee. Zum Land hin schauen Sie herab auf Riva, Torbole und Arco mit seinem steil aufragenden Burgfelsen. Unterwegs erinnern mehrere alte Festungsanlagen an die österreichisch-italienische Frontlinie im Ersten Weltkrieg.

- Start/Ziel: Jachthafen/Fort S. Nicolo an der Uferpromenade Riva-Torbole, GPS N 45°52.630‘ E 010°51.433‘
- 6,6 km
- 2 Std. 30 Min. bis 3 Std.
- 365 m/365 m. An-/Abstieg überwiegend am Stück
- 65-365 m
- gelegentlich Wegweiser Sentiero della Pace, Holzschilder, Farbmarkierungen (blau-gelb und rot-weiß (rw)), teilweise gelbe und weiße Friedenstaube
- Rastplätze/Sitzbänke bei Batterie di Mezzo (km 1,6)
- Restaurant/Bar Colombera, kurz vor dem Ziel in Riva (km 5)
- Bademöglichkeit am Ende bei der Uferpromenade (km 6)
- für Kinder wegen der vielen gut gesicherten Aussichtspunkte und Festungen interessant
- für Buggys wegen vieler Stufen und des schmalen Pfads beim Abstieg nicht machbar
- Teilweise felsiger Untergrund, Hunde müssen großteils an der Leine geführt werden (max. 1,5 m lang). An der Uferpromenade bei Riva sind Hunde im Sommer auch mit Leine nicht zugelassen (1.6. bis 30.9.).
- P kleiner (gebührenpflichtiger) Parkplatz am Hafen von S. Nicolo (GPS N 45°52.703' E 010°51.430'). Alternativ parken Sie auf einem der größeren Parkplätze in Torbole (GPS N 45°52.393‘ E 010°52.562') oder Riva (bei der Touristinfo, GPS N 45°53.106' E 010°50.713') und gehen auf der Uferpromenade zum Startpunkt (jeweils 2 km).
- Riva und Torbole sind vom Norden und Süden gut mit dem Linienbus erreichbar. Die dem Startpunkt nächstgelegene Haltestelle ist Riva-Hotel Brione, wo der Stadtbus 3

hält, der mindestens stündlich von Riva nach Torbole fährt. Oder Sie fahren bis Riva-Zentrum (Viale Martiri) oder Torbole-Zentrum und folgen der Uferpromenade zum Startpunkt (jeweils 2 km).

Die Rundtour beginnt am Jachthafen S. Nicolo, an der Uferpromenade zwischen Torbole und Riva – genau an dem Punkt, wo die Straße durch einen Tunnel führt. Sie folgen der Uferpromenade vom Jachthafen Richtung Torbole. Nach 100 m, beim großen Gebäude zur Rechten, dem alten Fort S. Nicolo mit einem Institut für wasserbiologische Untersuchungen darin, geht es auf dem Treppenweg, der zu einer scharfen Straßenkurve führt, links aufwärts. Hier steigen Sie rechts Treppenstufen hinauf (rw, Sentiero Monte Brione). Am Anfang informiert eine (verblichene) Tafel über den Sentiero della Pace.

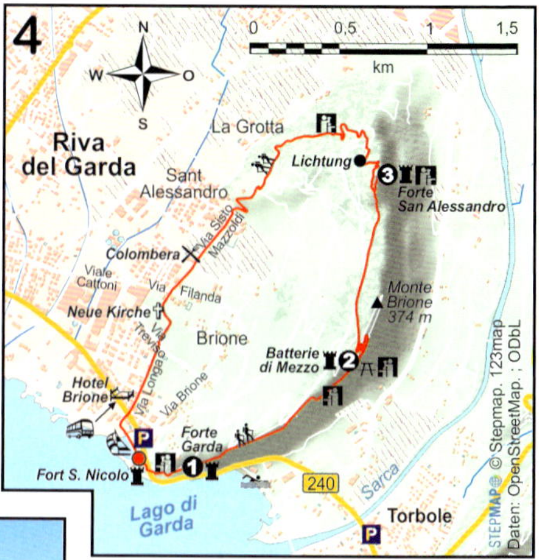

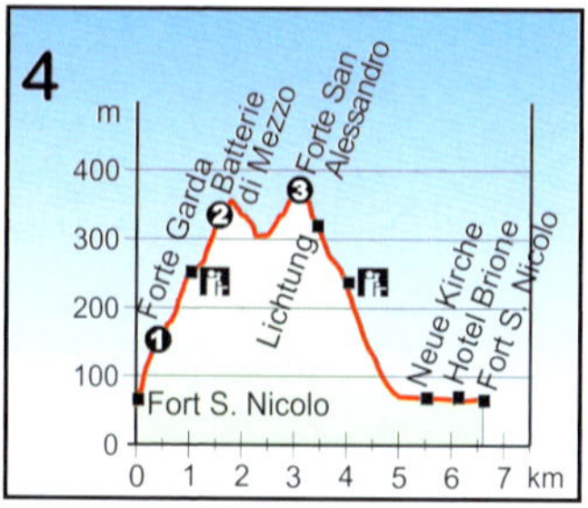

500 km für den Frieden

Der *Sentiero della pace* („Friedenspfad") führt an Befestigungsanlagen aus der österreichischen Kaiserzeit vorbei, die von 1859 bis vor dem Ersten Weltkrieg zur Sicherung der österreichischen Südgrenze gegen Italien im nördlichen Gardaseegebiet angelegt wurden. Sie hatten eine wichtige strategische Bedeutung. Um die alten Festungsanlagen als Kriegsmahnmal zu würdigen, wurde der Name „Friedenspfad" gewählt. Der gelb-blau markierte Weg verläuft auf etwa 500 km Länge durch die Alpen. Das Signet ist passend eine gelbe Friedenstaube, die gelegentlich entlang des Weges auftaucht.

Diesem Weg folgen Sie geradeaus und halten sich bei Abzweigungen immer rechts. Der kaum zu verfehlende Pfad führt an der Kante aufwärts. Unterwegs locken zahlreiche gute Aussichtspunkte. Der 2014 ausgebaute (Stufen-)Weg ist mit Metallpfosten und Drahtseilen stabil gesichert. Der Blick schweift erst südwärts über den Gardasee, später nach Osten Richtung Torbole und Nago.

Nach 15 Minuten folgen Sie dem Weg rechts an der ersten Festung vorbei, dem Forte Garda ❶ (km 0,5, ⇧ 165 m).

Das 1907 errichtete **Forte Garda** galt damals als besonders fortschrittlich und soll 200 Soldaten Platz geboten haben. Unter der Betondecke und vier erkennbaren Kuppeln erstrecken sich rund 300 m Gänge (nicht begehbar).

Weiter geht es rechts, kurz danach in ein Wäldchen hinein und bald darauf zwischen Olivenhain (links) und Steilhang (rechts) weiter, immer wieder mit schönen Ausblicken, ehe nach längerem Aufstieg die nächste Festung erreicht wird ❷:

Die **Batterie di Mezzo** (km 1,6, ⇧ 330 m) ist noch größer und älter (1900) als das Forte Garda. 80 österreichische Soldaten sollen hier nach den von Süden vorrückenden Italienern Ausschau gehalten haben. Es darf nur noch eine kleine Aussichtsplattform betreten werden, die massive Betondecke seit 2014 nicht mehr. Rechts laden Bänke zur Rast ein.

Batterie di Mezzo

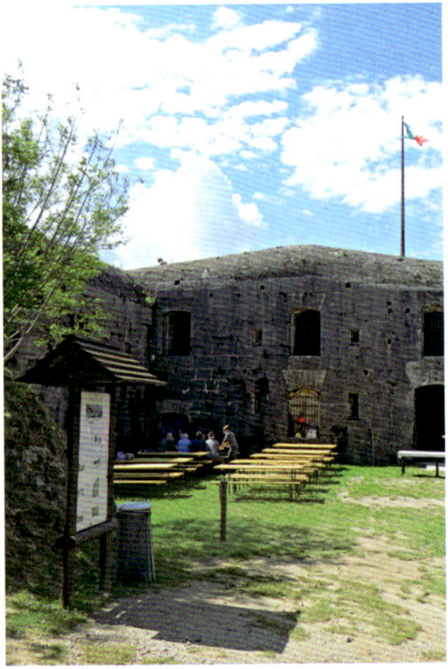

Weiter geht es rechts an der Festung vorbei zur Zufahrtsstraße mit Infotafel. Der Weg führt dann auf der von Zypressen gesäumten Straße abwärts. Gipfelstürmer können vorher noch einen Abstecher zum Gipfel mit den schräg rechts aufragenden Funktürmen machen

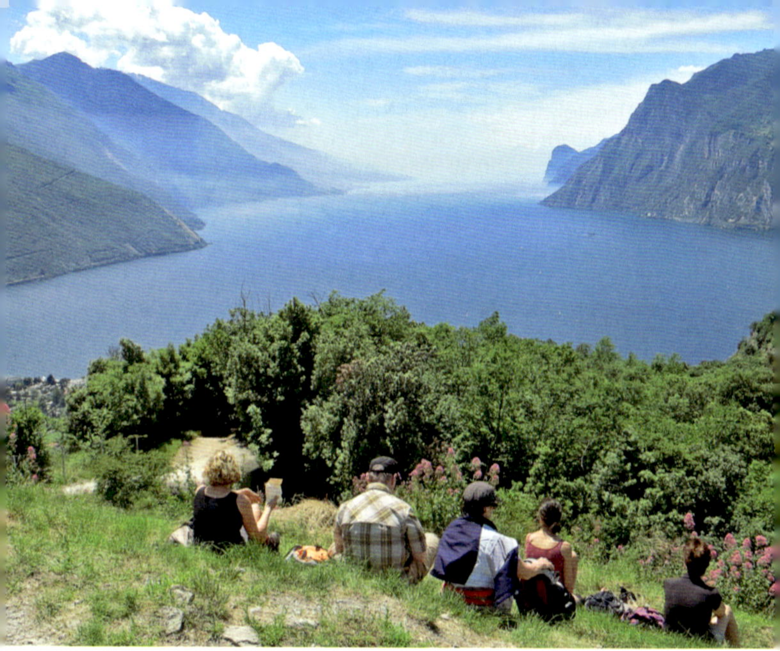

Blick vom Monte Brione auf den Gardasee

(etwa 1 km), allerdings gibt es schönere Gipfel, und der Ausblick ist wegen der Bäume nicht besser als von anderen Punkten der Route.

Auf der Zufahrtsstraße nehmen Sie nach 100 m, in der ersten scharfen Linksserpentine, den rechts abwärts führenden Pfad, der nach 100 m wieder auf die Straße trifft. Dieser folgen Sie 200 m nach rechts, ehe es bei einer Gabelung rechts auf einem Kies-/Steinweg leicht aufwärts zum Nordgrat geht. Am Ende wartet das verfallene und bewaldete **Forte San Alessandro ❸** (km 27, ⇧ 350 m), errichtet 1880. Von hier bietet sich ein weiter Blick in die Talebene der Sarca nach Norden, wo in Arco der Felsen mit der Burg steil aufragt. Unten rechts erkennen Sie eine große Fischzuchtanlage, aus der Hotels rund um den Gardasee ihre Lachsforellen beziehen.

Zurück geht es zunächst wie gekommen. Aber schon nach 100 m biegen Sie scharf rechts ab – bei einem kleinen Felsen mit dem Stumpf eines Holzpfahles. Dieser schmale Pfad verläuft als eine Art Hohlweg zwischen den alten Stellungen und Felswänden, bis nach 5 Min. und Abstieg durch Wald eine Lichtung erreicht wird (km 3,1, ⇧ 320 m). Hier nehmen Sie rechts den abwärts führenden Weg und nach 100 m rechts den kleinen Pfad, der nach 100 m in einen Schotterweg mündet. Dort halten Sie sich etwas rechts und folgen dem Weg durch Wald abwärts, teils über Geröll. Nach 20 Min. erreichen Sie bei Olivenhainen einen Betonweg (km 4,3, ⇧ 140 m), dem Sie abwärts bis zur Kreuzung vor S. Alessandro folgen (km 4,9). Weiter geht es geradeaus (Via Sista Mazzoldi), genauso wie bei der folgenden Kreuzung mit Zebrastreifen, wo Sie geradeaus dem Rad-/Fußweg folgen (Schild „Bar Colombera 150 m"). Auch bei der nächsten Kreuzung neben dem Restaurant wandern Sie geradeaus (Via Longa).

Restaurant Colombera, Via Rovigo 30, ☏ 04 64/55 60 33, 33 36 45 71 23, www.lacolombera.it, März bis Okt 12:00 bis 14:00 und abends, tagsüber Mi geschlossen. Restaurant mit nettem Innenhof inmitten von Weingütern

Sie folgen der Straße bzw. dem Radweg geradeaus Richtung See, rechts vorbei an einer modernen Kirche (km 5,5). Nach einer Reihe von Hotelblöcken erreichen Sie die Hauptstraße kurz vor der Uferpromenade. Auf der anderen Straßenseite führt Sie ein Fußweg direkt zum Hafen San Nicolo an der Uferpromenade, dem Start- und Endpunkt dieser Tour. Links befindet sich die Bushaltestelle Hotel Brione. Entlang der Uferpromenade erreichen Sie Torbole (links) oder Riva (rechts) in jeweils etwa 30 Min.

Blick auf den Monte Brione

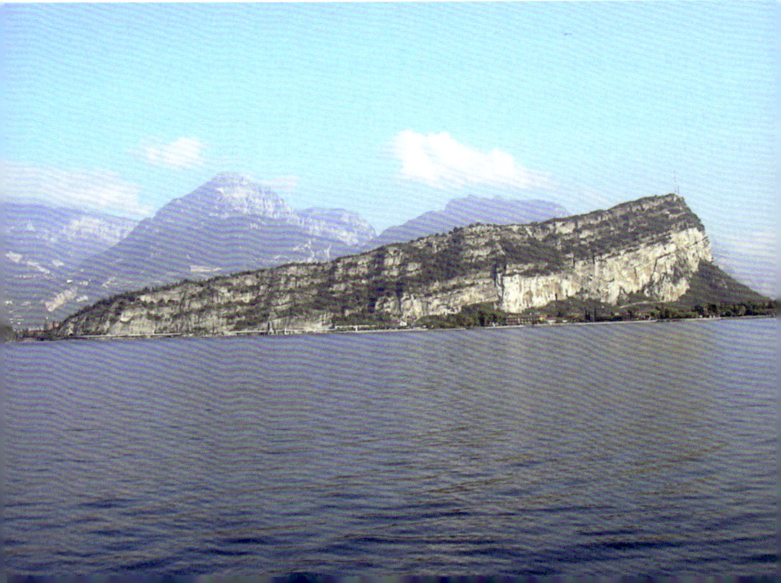

5 Wanderung von Riva zur Kapelle Santa Barbara

Sportliche Panoramatour

Die Wanderung zur Kapelle Santa Barbara führt von Riva steil aufwärts an der alten Bastion vorbei und auf demselben Weg wieder hinunter. Die Anstrengung wird durch eine atemberaubende Aussicht auf Riva und den Norden des Gardasees belohnt.

- Start/Ziel: Riva, Piazza 3 Novembre am Hafen, GPS N 45°53,085' E 010°50,381'
- 6,5 km
- 3 Std.
- 580 m/580 m. An-/Abstieg fast ausschließlich am Stück
- 65-640 m
- Wegweiser, rot-weiße Markierungen, 404
- Rastplätze/Sitzbänke kurz vor Bastione (km 1,2) sowie weiter oben (km 1,9)
- Bar Belvedere Bastione (km 1,4), Berghütte des CAI (km 3, nur am Wochenende/Feiertagen)
- zahlreiche Läden am Start/Ziel im Zentrum von Riva
- für Kinder wegen der vielen ausgesetzten Stellen nicht gut geeignet
- für Buggys zu steile Auf-/Abstiege
- teilweise felsiger Untergrund und ausgesetzte Stellen, deshalb nicht ideal
- P (gebührenpflichtige) Parkgelegenheiten in Riva, z. B. „Parcheggio terme romane" 100 m vom Stadttor San Marco entfernt (bei km 0,2, GPS N 45°53.244' E 010°50.529') bei ausgegrabenen römischen Thermen (€ 2 pro Std., max. € 10 am Tag)
- Die nächste Bushaltestelle (Viale Martiri) ist 5 Gehminuten entfernt vom Stadttor San Marco, bei km 0,2. Etwas weiter ist es zum fast 1 km landeinwärts liegenden Busbahnhof von Riva.
- Viele Schiffsverbindungen von/nach Torbole, Limone, Malcésine und weiter aus dem Süden. Der Startpunkt der Tour ist 100 m von der Piazza Catena entfernt, dem Anleger der Linienschiffe.

Riva ist mit rund 15.000 Einwohnern der größte Ort im Norden des Gardasees. Schon die Römer wussten die Uferlage zu schätzen und unterhielten hier eine Seefahrerschule. Im Mittelalter blühte der Ort als Handelsstadt auf. Anfang des 20. Jh. war Riva ein beliebter österreichischer Sanatoriumsort mit

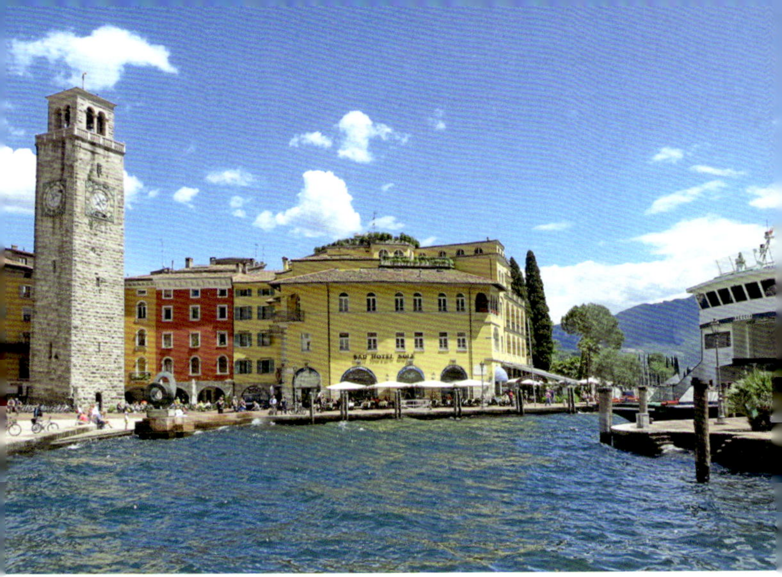

Riva Hafen und Torre Apponale

Bahnanschluss und namhaften Gästen wie Heinrich und Thomas Mann, Max Brod, Rudolf Steiner, Friedrich Nietzsche, Franz Kafka oder Arthur Schopenhauer.

ℹ Touristinfo Riva im alten Bahnhof, Largo medaglie d'Oro al Valor Militare 5,
☏ 04 64 55 44 44, täglich 9:00 bis 19:00

Sie starten am **Torre Apponale**, dem Wahrzeichen von Riva direkt am Hafen. Den See im Rücken geht es landeinwärts (nordwärts) unter dem Hausbogen einer *birreria* hindurch. Sie folgen der Gasse 70 m bis zu ihrem Ende vor dem Hotel Antico Borgo, wo Sie auf der Via Cerere nach links gehen, bis diese nach 50 m vor Haus Nr. 33 in die Via dei Fabri einmündet, der Sie nach rechts folgen. Nach 20 m wandern Sie bei einer Kreuzung mit einem glasbedeckten Brunnen geradeaus auf das Stadttor San Marco aus dem 11. Jh. zu (km 0,2). Hinter dem Stadttor folgen Sie der Via Bastione links leicht aufwärts und halten sich nach 80 m bei einer Gabelung vor der Garage von „gardacar" links. Nach 100 m queren Sie vorsichtig die Westtangente mit einem Kreisverkehr zur Rechten (km 0,4).

Auf der anderen Seite wandern Sie in die links aufwärts führende Gasse (404, Cap. S. Barbara 1.20). Dann folgen Sie dem gut ausgeschilderten Weg 404 Richtung Santa Barbara, der im unteren Bereich auch von Mountainbikern genutzt wird.

Kurz nach einem größeren Pausenplatz mit Gras, Tischen und Bänken (km 1,2) erreichen Sie eine Gabelung, wo Sie links aufwärts Richtung **Bastione** gehen. Nach 50 m zweigt rechts Pfad 404 ab (Capanne S. Barbara).

Geradeaus lohnt sich der kaum längere Abstecher zur 1508 von Venezianern erbauten und zwei Jahrhunderte später von Franzosen unter General Vendôme geschleiften Bastion mit dem Turm ❶ (⇧ 211 m).

Bastione Ristobar hinter der Bastion, mit einer tollen Aussichtsterrasse.
☏ 04 64 03 00 17, Mi Ruhetag

Am Turm kann man über eine Metalltreppe hinaufsteigen, in den Turm hineingehen und von dort aufwärts auf den Pfad 404 gelangen, der Sie zur Kapelle Santa Barbara bringt.

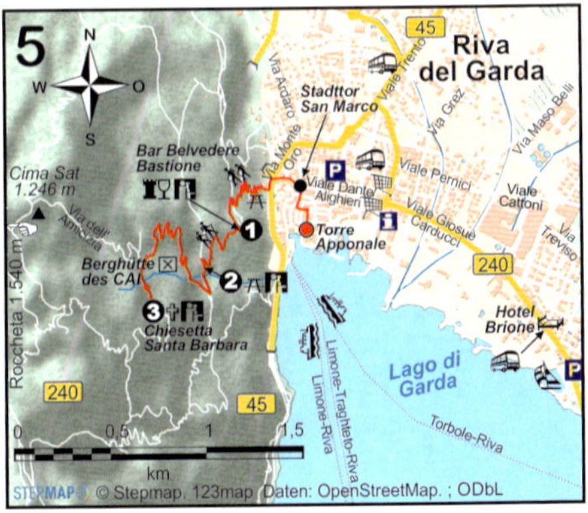

Der reguläre Pfad zur Kapelle führt vor der Bastion in Treppenstufen und Serpentinen aufwärts (404 S. Barbara).

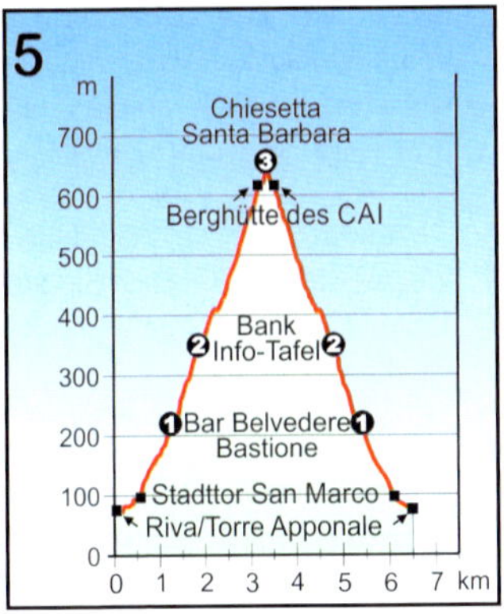

Im weiteren Verlauf gibt es nur wenige Abzweigungen, aber die Beschilderung ist eindeutig: 404 S. Barbara. An einer Gabelung mit Infotafel halten Sie sich links (404 S. Barbara) und passieren nach 50 m eine Bank mit schöner Aussicht ❷ (km 1,9, ⇧ 340 m).

Nach 5 Min. erscheint vor Ihnen ein auffälliges Wasserrohr: Teil der 6 km langen Druckleitung zwischen dem Ledrosee und dem Ponale-Wasserkraftwerk bei Riva. Kurz vor der Wasserleitung folgen Sie dem scharf rechts aufwärts führenden

Pfad 404. Knapp 1 Std. nach der Bastion erreichen Sie die Berghütte des italienischen Alpenvereins CAI bei Capanna Santa Barbara (km 3, ⇧ 560 m).

🍷 Berghütte des italienischen Alpenvereins, 🚪 Wochenende und Feiertage

Zum Ziel, der Kapelle Santa Barbara, geht es links an der Hütte vorbei und schräg rechts weiter aufwärts.

Nach 10 Min. gehen Sie bei einem weißen Häuschen links Richtung Chiesetta S. Barbara. Der rechte Weg führt über den Klettersteig Via dell'Amicizia zur Roccheta (1.540 m). Dieser Klettersteig (Via Ferrata) sollte aber nur angeseilt und mit Helm begangen werden. Kurzum: Kategorie Klettern und nicht Wandern, daher hier nicht beschrieben.

Nach 5 Min. erreichen Sie die Kapelle S. Barbara ❸ (km 3,3, ⇧ 630 m).

Santa Barbara

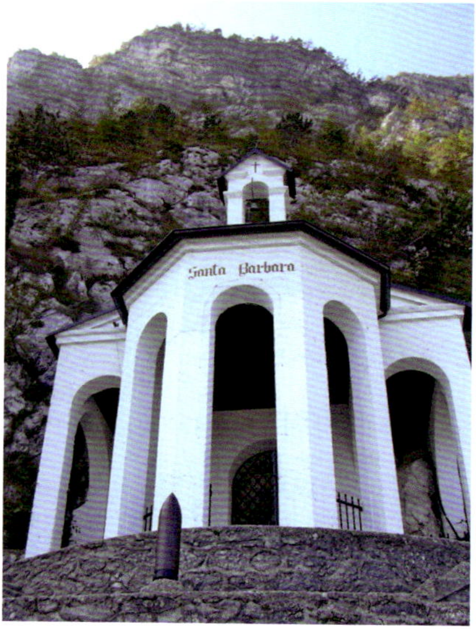

✝ Die Kapelle **Santa Barbara** wurde 1935 im Zuge der Verlegung von Rohrleitungen des Ponale-Kraftwerks angelegt, für die viele Sprengungen nötig waren. Daher entschied man sich wohl dafür, die Kapelle der heiligen Barbara zu widmen, die Schutzpatronin vieler Berufsgruppen ist, die mit Donner und Feuer zu tun haben, u. a. Pyrotechniker, Feuerwehr, Artillerie, Bergarbeiter und Geologen. Von der Kapelle bietet sich ein fantastischer Blick abwärts auf Riva – nur Fliegen ist schöner ...

Abwärts geht es denselben Weg wie hinauf. Rechnen Sie gut 1 Std. 15 Min. bis zum Zentrum von Riva.

6 Rundwanderung oberhalb vom Ledrosee

WC

Gebirgstour für geschichtlich Interessierte

Diese Wanderung beginnt am Ledrosee oder optional in Pré. Sie wandern durch das obere Ponaletal abwärts nach Pré. Ab dem Kalkofen bei Pré geht es aufwärts aus dem Ponaletal zu einem Militärweg, der auf etwa 1.200 m Höhe durch die Bergwelt zwichen Garda- und Ledrosee führt. Die beiden Berghütten unterwegs sind alte Militärstationen. Vom Passo Nota geht es durch das bewaldete Val Fontanine abwärts zum Ledrosee, bekannt durch seine bronzezeitlichen Pfahlbauten.

Start/Ziel: Museo Palaffite am Ledrosee, GPS N 45°52.428' E 010°45.912'. Optional Start in Pré bei der Bushaltestelle, GPS N 45°51.997' E 010°47.267'

18,4 km, bei Start ab Pré 15,9 km

5 Std.

940 m/940 m. An-/Abstieg überwiegend am Stück. Zwei kleine Passagen auf dem Rückweg erfordern gute Trittsicherheit und Unterstützung durch die Hände.

490-1.275 m

Wegweiser sowie überwiegend rot-weiße Markierungen (rw), teilweise auch ältere blaue und gelb-weiße Markierungen, Nr. 421

Rastplätze/Sitzbänke bei den Hütten (km 9,1, km 11,9)

Trinkwasserbrunnen bei Malga Vil (km 6,6) und bei der Segala-Hütte (km 9,1)

Berghütte am Passo Nota (km 11,9), Einkehrgelegenheiten am Schluss am Ledrosee

Baita/Berghütte Segala Bonaventura (km 9,1, nach etwa 3 Std.), empfehlenswerte Gelateria Mary Poppins am Ufer des Ledrosees

WC in den Hütten

kleiner Supermarkt am Start bzw. Ziel in Molina di Ledro, neben der Gelateria Mary Poppins

Bademöglichkeit am Ledrosee (km 16,4)

für Kinder geeignet, eventuell aber etwas zu lang und zu viel Aufstieg; mehrere gesicherte Aussichtspunkte und Festungen

für Buggys wegen des teilweise steilen An- und Abstiegs auf Pfaden kaum möglich

teilweise felsiger Untergrund

P am Pfahlbaumuseum in Molina di Ledro (GPS N 45°52.403' E 010°45.851', € 1 pro Stunde) gratis unterhalb der Kirche von Molina di Ledro (GPS N45° 52.239' E10° 46.430') und wenige Stellplätze in Pré bei Bushaltestelle ☞ Variante (GPS N45° 51.997' E10° 47.267')

Linienbusverbindung zwischen Molina di Ledro bzw. Pré und Riva (Linie 214), www.ttesercizio.it → Autobus extraurbani → 2 → 214

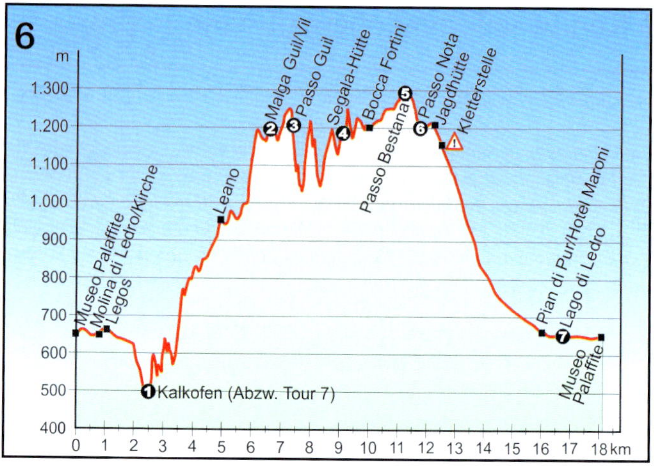

Das erste Teilstück (bis km 2,6) von Molina di Ledro nach Pré führt durch das Ponaletal und ist identisch mit dem ersten Teil der Ponale-Wanderung (☞ Tour 7): Vom Pfahlbaumuseum (☞ Kasten S. 49) geht es, den Ledrosee im Rücken, am Nordhang des Tals entlang auf der Straße Richtung Gardasee und Legos. Nach 1 Min. passieren Sie zur Linken die Pizzeria „Al Passegiata" und nehmen 50 m danach den links abwärts führenden Fußgängerweg nach Molina di Ledro. Der Weg führt nach 5 Min. auf eine Straße unterhalb der Kirche von Molina di Ledro. Sie gehen die 30 m rechts zur Kirche hinauf, um diese links zu umrunden. Hinter der Kirche wandern Sie auf dem gepflasterten Weg aufwärts.

Nach 5 Min. trifft der Weg in dem Weiler Legos auf eine Hauptstraße, der Sie links folgen. Nach 100 m biegen Sie rechts auf das abwärts führende kleine Sträßchen ab (blau-rot-gelbe Markierung), das kurz danach geschottert ist. Nach 200 m ignorieren Sie bei einer Gabelung den links abzweigenden (Privat-)Weg und folgen dem Weg geradeaus. Bei einer weiteren Gabelung im Wald nach 5 Min. geht es links abwärts und es wird zunehmend steiler – ✋ Vorsicht bei Nässe! In älteren Karten ist übrigens noch ein direkter Weg zwischen Molina di Ledro und Pré eingezeichnet, der aber nicht mehr durchgehend begehbar ist, weil Brücken über Seitentäler gesperrt wurden.

30 Min. nach Legos erreichen Sie bei Pré eine Kreuzung mit Bank und einem alten gemauerten **Kalkofen ❶** (km 2,6, ⇧ 460 m), wo früher Kalksandstein bei bis zu 1.000°C gebrannt wurde, um Kalk zu gewinnen, der als Basis zur Her-

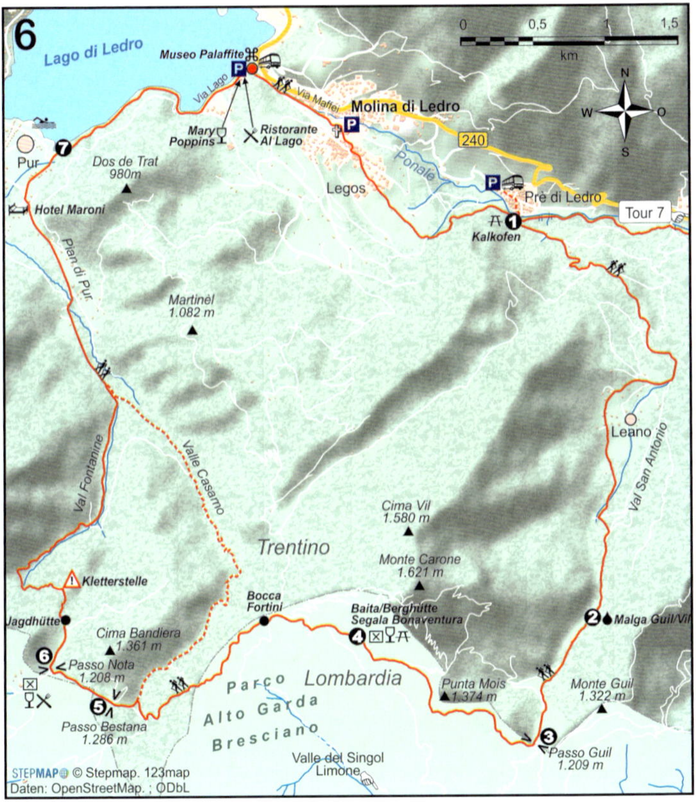

stellung von Baumörtel, Putz, Farben und Desinfektionsmittel gebraucht wurde. Hinter dem Kalkofen nehmen Sie bei der Kreuzung den rechts aufwärts führenden Weg (421, u. a. Richtung Passo Guil 2.00, Baita B:Segala 2.30).

Start ab Pré (2,4 km weniger)

Wer mit dem Linienbus anreist, kann sich das erste Teilstück ab Molina di Ledro sparen und die Wanderung in Pré beginnen. Nach dem Ausstieg bei der Bushaltestelle in Pré am Marktplatz mit dem Brunnen wandern Sie zunächst gegen die Fahrtrichtung. Am Ende des Marktplatzes folgen Sie rechts der Gasse Via San

Giacomo mit Pflastersteinen (Radschild) und queren am Ende den Fluss Ponale über die Brücke. Hinter der Brücke geht es bei der Kreuzung mit Bank und Kalkofen links aufwärts.

Kalkofen bei Pré

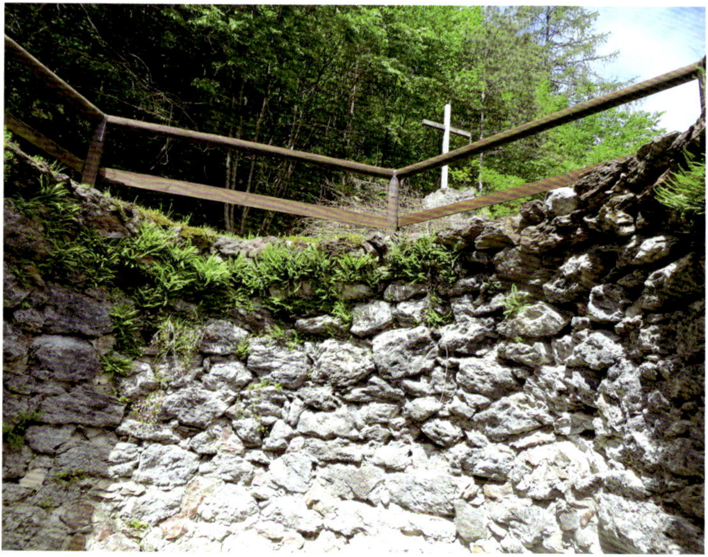

Sie wandern auf dem Zufahrtsweg zum Gehöft Leano und passieren nach 5 Min. eine Marienstatue (SS. Gonzaga). Sie folgen Weg 421 geradeaus aufwärts und ignorieren abzweigende Pfade. Nach etwas mehr als 30 Min. knickt der Weg rechts in das Val San Antonio ab und quert kurz danach einen Bach (km 4,5, ⇧ 850 m). An einer Kreuzung halten Sie sich links (rw) und folgen dem Weg über die gerodete Fläche, an den Almhäusern von Leano vorbei. Am Ende der Alm verengt sich das Tal und der Weg führt steiler aufwärts. Nach längerem Anstieg führt der Weg zwischen steilen Felswänden zur nächsten Lichtung: den Almwiesen der Malga Guil/Vil mit verwitterten Felsstrukturen eingangs zur Rechten. Sie wandern links an den Almgebäuden vorbei ❷ (km 6,9, ⇧ 1.110 m) (💧 Brunnen für Trinkwasser an der Malga Vil) und folgen dabei gleich mehreren Wegweisern (421, rw, Passo Nota 1:40).

Kurz nach dem Almgebäude verlassen Sie den rechts abzweigenden Almweg, indem Sie geradeaus dem kleineren Weg (rw) zum Passo Guil folgen, der in 15 Min. erreicht ist.

Der Passo Guil ❸ (km 7,7, ⇧ 1.209 m) war im Ersten Weltkrieg Teil der Frontlinie zwischen Österreich und Italien und bildet heute die Grenze zwischen den Regionen Trentino und Lombardei.

Sie passieren am Pass das Gatter und gehen kurz abwärts, um dann rechts für längere Zeit dem Sentiero Antonioli zu folgen, der mit großem Aufwand vor dem Ersten Weltkrieg als militärischer Versorgungsweg an der Frontlinie angelegt wurde und heute ein bei Wanderern und Mountainbikern beliebter Weg mit traumhaften Blicken in das unten liegende Valle del Singol und auf den Gardasee ist. Rechts erhebt sich der 1.621 m hohe Monte Carone.

Gut 30 Min. brauchen Sie für den aussichtsreichen Weg zur inmitten von Lärchen gelegenen Hütte **Baita Segala** ❹ (km 9,3, ⇧ 1.250 m), die 1975 auf Resten einer militärischen Festung aus dem Ersten Weltkrieg am Südhang des Monte Carone errichtet wurde.

🍷 Baita/Berghütte Segala Bonaventura. Die von der Alpinisti-Sektion Limone unterhaltene Hütte mit ihren 4 Notbetten (nur bei Reservierung) ist nicht bewirtschaftet, bietet aber drinnen wie draußen Tische und Bänke. Gegen Spende gibt es auf Selbstbedienungsbasis Getränke und kleine Snacks. ganzjährig

Von der Hütte folgen Sie der Militärstraße vorbei an einer alten Kaserne, der Bocca Fortini (km 10,1, ⇧ 1.243 m) und kurz darauf einigen Felskavernen (Hohlräumen).

Sie folgen dem Höhenweg (421) Richtung Passo Nota/Tremalzo/Pian di Piur.

↳ Leichtere Variante hinunter zum Ledrosee

(⌛ 10 Min. kürzer)

Der beschriebene Abstieg vom Passo Nota auf Weg 421 hinunter Richtung Ledrosee ist stellenweise sehr geröllig und daher nicht einfach zu gehen. Der Abstieg über einen vorher abwärtsführenden Weg ist einfacher – und 15 Min. kürzer:

1,5 km nach der Bocca Fortini, 200 m vor dem Passo Bestana, nehmen Sie in einer Linkskure des Höhenweges (beim Wegweiser zurück in ihre Herkunftsrichtung: Passo Guil 3,7 km) den rechts abzweigenden Grasweg (Verkehrsverbotsschild), der in den Wald hinein abwärts führt, später über Steine und Waldböden. Nach rund 45 Min. erreichen Sie den regulären Abstieg auf Weg 421 bei km 15 und folgen diesem geradeaus weiter abwärts.

Nach dem Passo Bestana ❺ (km 11,6, ⇧ 1.286 m) geht es abwärts durch Wald zu einer Hochfläche mit Weiden. Dahinter erheben sich weitere Gipfel, davor ist auf einer Anhöhe eine weitere Berghütte zu sehen.

Berghütte Rifugio degli Alpini am **Passo Nota**, Getränke und Kleinigkeiten wie belegte Brote, Polenta oder Nudeln (ab € 6), ☏ 03 65/198 52 08, Ostern bis Mitte Okt täglich 10:00 bis 18:00. Nach unserem Geschmack etwas zu militaristisch/martialisch, u. a. mit Geschütz sowie Gewehren und Munition für Geschütze als Zaunpfähle am Eingang sowie einer (amerikanischen) Kanone aus dem Koreakrieg. Neben den Tischen und Bänken gibt es Dokumentationen (auch auf Deutsch) über die Bedeutung dieses ehemaligen Stützpunktes der Grenzpolizei an der alten Frontlinie, der in Kriegszeiten (Erster Weltkrieg) vom damaligen italienischen König besucht wurde. Wenn der Wirt gut gelaunt ist, legt er auch mal Marschmusik auf ...

Der Wanderweg zweigt 100 m vor der Berghütte am Passo Nota ❻ (km 12,1, ⇧ 1.206 m) nach rechts (nördlich) ab (421 Pian di Pur 1:00), um zunächst über eine Wiese zu führen. Nach 5 Min. macht der Weg vor einer Jagdhütte eine scharfe Rechtskurve. Hier verlassen Sie den Weg, um in der Rechtskurve den Pfad links zu nehmen, der zwischen Felsen links an der Hütte vorbei abwärts führt. Diesem Weg folgen Sie etwa 45 Min. durch Wald abwärts Richtung Ledrosee, der kurz hinter der Jagdhütte schon unten zu sehen ist. Im oberen Teil des Pfades gibt es zwei Passagen, in denen – je nach Größe, Erfahrung und Witterung – leichte Kletterei nötig ist. Die erste lässt sich über einen kurz vorher scharf rechts abzweigenden Pfad umgehen (etwa 200 m nach der Jagdhütte).

Nach gut 30 Min. geht es bei einer Kreuzung (km 13,9, ⇧ 935 m) links vom Bach geradeaus weiter, ehe nach 15 Min. eine Weggabelung erreicht wird (km 14,9, ⇧ 760 m), an der Sie links gehen. Nach 10 Min. folgen Sie dem Weg durch die Rechtskurve und an einer Furt über den Fluss. Hier beginnt die Zivilisation wieder, Sie folgen der Straße geradeaus. Kurz danach sorgen links einige kunstvolle Holzschnitzereien an Baumstümpfen für ein wenig Kulturgenuss. 10 Min. nach der Flussquerung erreichen Sie hinter dem Hotel Maroni eine Kreuzung, an der Sie rechts gehen, um nach 5 Min. den Ledrosee zu erreichen ❼ (km 16,7, ⇧ 650 m), an dem es deutlich ruhiger zugeht als am Gardasee. Links in der Bucht ist die beste Bademöglichkeit am Ledrosee bei dieser Tour.

Um zurück nach Molina di Ledro zu kommen, müssen Sie der (kaum befahrenen) Uferstraße 1,5 km nach rechts folgen, die aufwendig mit Stahlseilen und -netzen vor Bergrutschen gesichert ist. Nach gut 20 Min. erreichen Sie die Urlaubssiedlung **Molina di Ledro**. Der Ortsname verrät es: Hier hat früher einmal eine (Wasser-)Mühle gestanden. In Molina di Ledro gibt es mehrere Einkehrgelegenheiten, sehenswert ist das Pfahlbaumuseum.

Mary Poppins, ☏ 34 65 03 93 52, April bis Okt, im Herbst manchmal Do geschlossen. Erste Bar bzw. Eisdiele am Platz bzw. erste Einkehrgelegenheit auf der rechten Seite. Schöne Terrasse, gutes Eis.

Ristorante Al Lago gegenüber vom Pfahlbaumuseum, Via Lago 11, ☏ 04 64 50 82 02

♦ Daneben gibt es weitere Einkehrgelegenheiten, von denen einige aber nur in der Sommersaison geöffnet sind.

Laden Typ Tante Emma (coop) mit kleinem Lebensmittelsortiment neben der Bar Mary Poppins

Lago di Ledro und Museo Palafitte

Der durchschnittlich 48 m tiefe **Ledrosee** mit einem Umfang von 12 km dient als Stausee für das Wasserkraftwerk von Riva. Als 1929 der Seespiegel für die Bauarbeiten zu diesem Wasserkraftwerk abgesenkt wurde, kamen Reste von alten Pfahlbauten zum Vorschein, die auf die mittlere Bronzezeit (1.500 v.Chr.) datiert wurden. Mehr als 10.000 Pfähle sollen eine ganze Siedlung gestützt haben. Über den Zweck des Pfahlbaus ist man sich nicht ganz einig: Wichtige Motive waren vermutlich der Schutz vor Hochwasser und wilden Tieren sowie die Optimierung des Fischfangs.

Seit 2011 stehen Pfahlbauten aus dem Alpenraum – darunter auch die vom Ledrosee – auf der Liste der UNESCO-Weltkulturerbestätten.

⌘ Über die Pfahlbauten und Ausgrabungen informiert das Museo delle Palafitte. Hier sind verschiedene Wohngebäude auf Pfählen am Seeufer rekonstruiert. Im Museum gibt es eine Ausstellung zur Ausgrabungsgeschichte sowie Sammlungen der Fundstücke.

♦ www.palafitteledro.it, März bis Juni und Sept bis Nov Di bis So 9:00 bis 17:00, Juli und Aug täglich 10:00 bis 18:00, Eintritt € 3,50

Pfahlhaus am Ledrosee

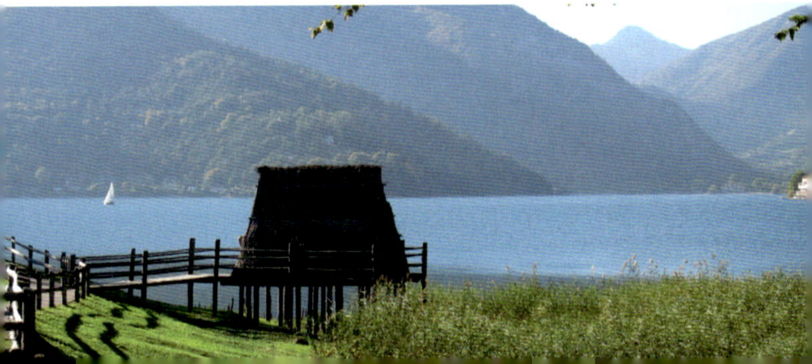

7 Panoramawanderung durch das Ponaletal vom Ledrosee nach Riva

Tour für Landschaftsgenießer

Diese erlebnisreiche Tour verbindet den höher gelegenen Ledrosee mit dem größeren Gardasee. Sie führt anfangs abwärts durch das Tal des Ponaleflusses. Sie wandern am Südhang des Tals, weit oberhalb vom Talboden. Der Fluss Ponale wurde für das Wasserkraftwerk von Riva umgeleitet. Am Schluss wandern Sie auf einer der beliebtesten Mountainbike-Strecken am Gardasee: der alten Ponalestraße zwischen Biacesa und Riva, die erst vor Kurzem für den Freizeitverkehr freigegeben wurde. Zum Glück wird der Rad- und Wanderverkehr an engen Stellen getrennt. Trotzdem muss man kontinuierlich wegen des Radverkehrs aufpassen, was bei der Traumaussicht zugegebenermaßen schwerfällt ...

→ Start: Molina di Ledro, Museo Palafitte, GPS N 45°52.428' E 010°45.912';
Ziel: Riva, Hafen, GPS N 45°53.087' E 010°50.388'

9,7 km

3 Std.

↑ ↓ 50 m/635 m. Abstieg relativ gleichmäßig auf die ganze Strecke verteilt, nur kurz hinter Legos ein kurzer steiler Abstieg

⇧ 65-665 m

blau-rot-gelbe Markierung, D01

Rastplätze/Sitzbänke bei den alten Kalköfen (km 2,6 sowie km 5,6) und am Panoramaweg oberhalb vom Gardasee kurz vor dem Ziel (km 8,9)

Einkehrgelegenheiten am Start und Ziel, Ristorante Ponale Alto Belvedere (km 6,4)

Interessant für Kinder durch viele gut gesicherte Aussichtspunkte, allerdings erfordern die vielen Mountainbiker beim Gehen uneingeschränkte Aufmerksamkeit!

Für Buggys ist der Weg wegen der vielen Mountainbiker nicht ideal, ja gefährlich, außerdem muss ein kurzer steiler Abstieg kurz vor Pré bewältigt werden.

Teilweise felsiger Untergrund, Hunde müssen großteils an der Leine geführt werden.

P Es gibt (gebührenpflichtige) Parkgelegenheiten in Riva, z. B. einen großen Parkplatz bei der Touristinfo oder „Parcheggio terme romane" (GPS N 45°53.244' E 010° 50.529', 100 m vom Stadttor San Marco entfernt bei den ausgegrabenen römischen Thermen). Alternativ können Sie am Ledrosee parken (GPS N 45°52.403' E 10° 45.851') und mit dem Linienbus zurückfahren.

Linienbusverbindung zwischen Riva (Autostazione) und Museo Palafitte bzw. Pré (Linie 214), www.ttesercizio.it → Autobus extraurbani → 2 → 214

- ab Riva Richtung Ledrosee Mo bis Fr 8:30 und 11:40, So 12:20, im Sommer Mo bis Fr 8:10 und 11:00, So 8:30. Fahrtdauer nach Pré 20 Min., nach Molina di Ledro etwa 30 Min.
- von Riva zum Startpunkt am Ledrosee: Mo bis Sa 12:40, Schultage 13:25 und 14:13, So 11:20 und 16:20, www.ttesercizio.it → Autobus extraurbani → 2 → 214

Das letzte Drittel der Tour gilt bei Mountainbikern als „Klassiker", von daher Vorsicht beim Wandern, sonst sind Konflikte vorprogrammiert! An manchen Stellen sind Tunnel für Biker und die Umgehungen für Wanderer vorgesehen.

Diese Tour wegen der vielen Mountainbiker nicht zu Spitzenzeiten, z. B. an verlängerten Wochenenden, machen. Am besten recht früh gehen, denn die meisten Mountainbiker fahren erst nachmittags ab (und vormittags hinauf) – das birgt weniger Konfliktstoff.

Die Wanderung beginnt in Molina di Ledro am Pfahlbaumuseum (☞ Tour 6). Von dort geht es mit dem Rücken zum See am Nordhang des Ponaletals entlang auf der Straße Richtung Gardasee und Legos. Nach 1 Min. passieren Sie zur

Via Ponale am Gardasee

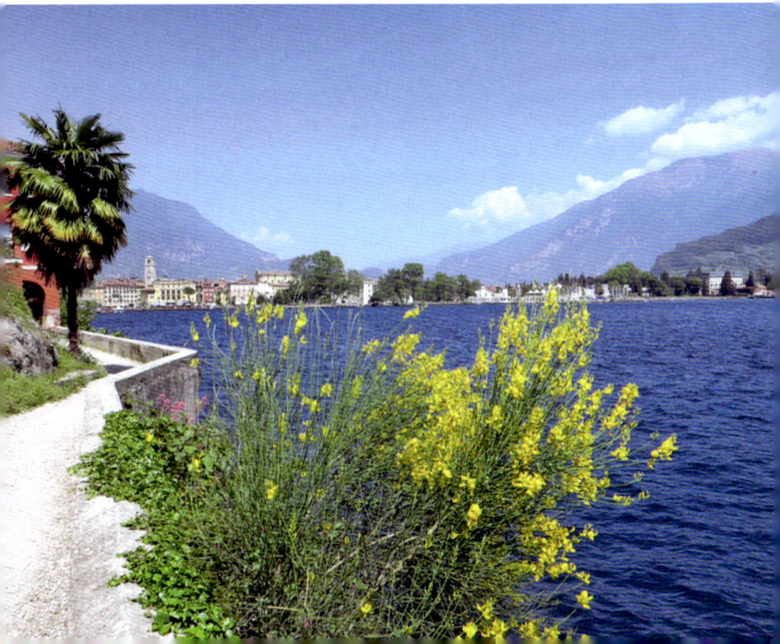

Linken die Pizzeria „Al Passegiata" und nehmen 50 m danach den links abwärts führenden Fußgängerweg nach Molina di Ledro. Der Weg führt nach 5 Min. auf eine Straße unterhalb der Kirche von Molina di Ledro. Sie gehen die 30 m rechts zur Kirche hinauf, um diese links zu umrunden. Hinter der Kirche wandern Sie auf dem gepflasterten Weg aufwärts.

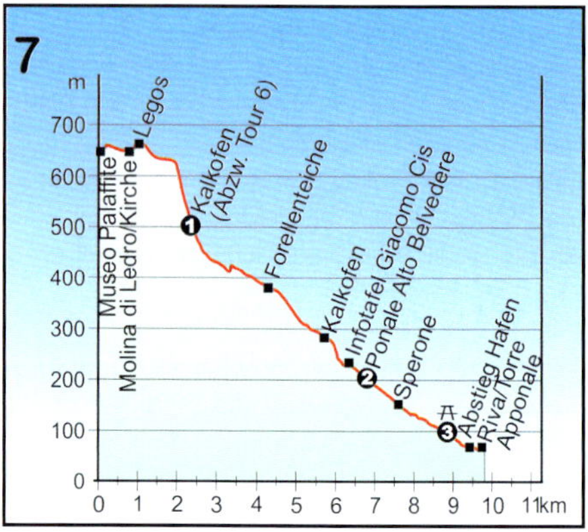

Nach 5 Min. trifft der Weg in dem Weiler Legos auf eine Hauptstraße, der Sie links folgen (Schild: Lago di Garda). Nach 100 m biegen Sie rechts auf das abwärts führende kleine Sträßchen ab (blau-rot-gelbe Markierung), das nach 250 m geschottert ist. Nach 200 m ignorieren Sie bei einer Gabelung den links abzweigenden (Privat-)Weg und folgen dem Weg geradeaus. Bei einer weiteren Gabelung im Wald nach 5 Min. geht es links abwärts und es wird zunehmend steiler – Vorsicht bei Nässe! In älteren Karten ist übrigens noch ein direkter Weg zwischen Molina di Ledro und Pré eingezeichnet, der aber nicht mehr durchgehend begehbar ist, weil Brücken über Seitentäler gesperrt wurden.

30 Min. nach Legos erreichen Sie bei Pré eine Kreuzung mit Bank und einem alten gemauerten **Kalkofen ❶** (km 2,5, ⇧ 460 m), wo früher Kalksandstein bei bis zu 1.000°C gebrannt wurde, um Kalk zu gewinnen, der als Basis zur Herstellung von Baumörtel, Putz, Farben und Desinfektionsmittel gebraucht wurde. Von solchen Kalköfen gab es früher Dutzende in dieser Region.

Bei der Kreuzung folgen Sie geradeaus (leicht rechts versetzt) dem Rad-/Fußweg (D01 Lago di Garda, mehrsprachiges Schild: „Bike tragen"). Nach 15 Min. (km 3,6) geht es für Sie bei einer Kreuzung geradeaus abwärts, während die Straße links abzweigt. Nach 10 Min. passieren Sie links Fischteiche. Hier werden Lachsforellen gezüchtet, die regelmäßig auf den Menülisten der Hotels rund um den Gardasee erscheinen. Kurz nach einer Wasserstelle erreichen Sie eine (selten befahrene) Asphaltstraße (km 4,7, ⇧ 365 m) und folgen ihr 10 Min., ehe Sie die Straße nach links auf der Via Ponale verlassen (km 5,3). Das große Gebäude links unten im Tal ist ein ehemaliges Wasserkraftwerk.

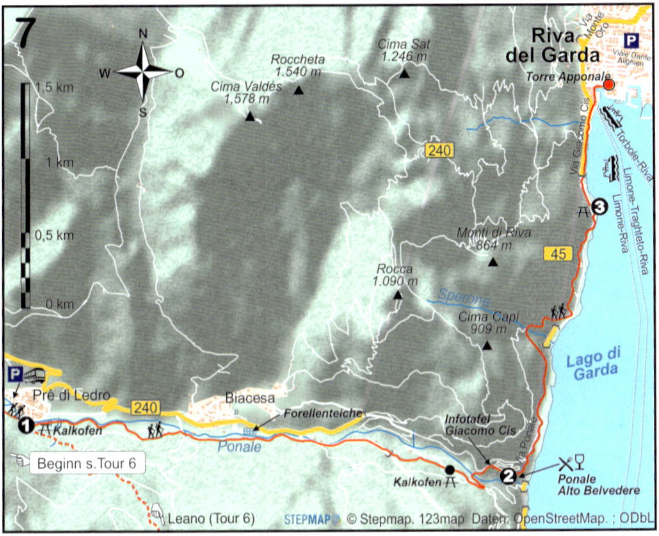

Sie passieren einen weiteren **Kalkofen** mit Tisch und Bänken (km 5,7). 20 Min. nach der Straßenabzweigung stößt der zuletzt etwas steiler abwärts führende Pfad auf die alte Straße zwischen Pregasina und Riva, der Sie links folgen und auf der Sie auf einer Brücke über das Ponaletal laufen. Nach 250 m geht es bei einer Gabelung rechts, Richtung Riva (km 6,3, ⇧ 235 m). Eine Tafel informiert über Giacomo Cis, den Initiator der Straße (☞ Kasten). Ab hier wandern Sie auf der beliebten MTB-Strecke „Via Ponale". 100 m nach der Infotafel passieren Sie das ehemalige Restaurant Belvedere ❷, vor 100 Jahren ein beliebtes Lokal, das nach gründlicher Sanierung seit Kurzem wieder als Bar geöffnet ist:

✕ Ponale Alto Belvedere, ☏ 04 64 56 73 21, täglich Ostern bis Ende September. Tolle Aussicht und nettes Personal, leider kaum Schatten auf den Terrassen

Vorsicht vor Radfahrern!

☺ Die folgenden Tunnel kann man als Wanderer rechts panoramareich umgehen, wer nicht schwindelfrei ist, geht lieber links durch die Tunnel, die allerdings auch von Mountainbikern genutzt werden.

Via Ponale – vom Hauptweg zum MTB-Klassiker

Die Via Ponale wurde 1850 auf Initiative des Kaufmannes Giacomo Cis angelegt, um den Ledrosee mit Riva zu verbinden. Gut 100 Jahre, nachdem hier die ersten Autos fuhren (1891), begann mit dem Bau der neuen Straße durch einen 4 km langen Tunnel (1990) der Verfall. Die alte Via Ponale wurde fortan (illegal) von Mountainbikern genutzt – trotz Absperrung. Mit der Zeit erkannte man das touristische Potenzial, und im Jahr 2004 wurde eine offizielle Mountainbike (MTB)-/Wanderstrecke mit der Kennung D01 angelegt.

Die Routen von MTB und Wanderern sind zwar an Engpässen räumlich getrennt (MTB im Tunnel, Wanderer außen rechts), aber dennoch sind Konflikte nicht auszuschließen. Seien Sie deshalb vorsichtig und gehen Sie MTBs sprich Konflikten möglichst aus dem Weg, denn nicht alle Radfahrer halten sich an die offiziellen „Verhaltensregeln für die Mountainbiker“: „Die Fußgänger haben immer Vortritt.“

⩫ netter Picknickplatz mit Tisch und Bank oberhalb vom Gardasee kurz vor Riva ❸ (km 8,7, ⇧ 95 m)

Nach gut einer Stunde endet die MTB-Strecke kurz vor der Gardesana occidentale. Sie gehen scharf links, unter der Straße hindurch und nach 50 m rechts hinunter und auf dem Uferweg nach Riva, wo Sie zuerst die Schiffsanlegestelle bei der Pia. Catena (km 9,5) erreichen. Der Name (**catena** = Kette) kommt daher, dass früher abends zur Sperrung des Hafens zwischen Zollhaus (heute Schiffsanlegestelle) und Garten der Burg La Rocca eine Kette ins Wasser herabgelassen wurde. Auf der anderen Seite des Hafens erhebt sich das Wahrzeichen von Riva, der Glockenturm Torre Apponale. Zu seinen Füßen liegt die Innenstadt mit zahlreichen Einkehr- und Einkaufsmöglichkeiten (Infos zu Riva ☞ Tour 5).

Limone und Umgebung

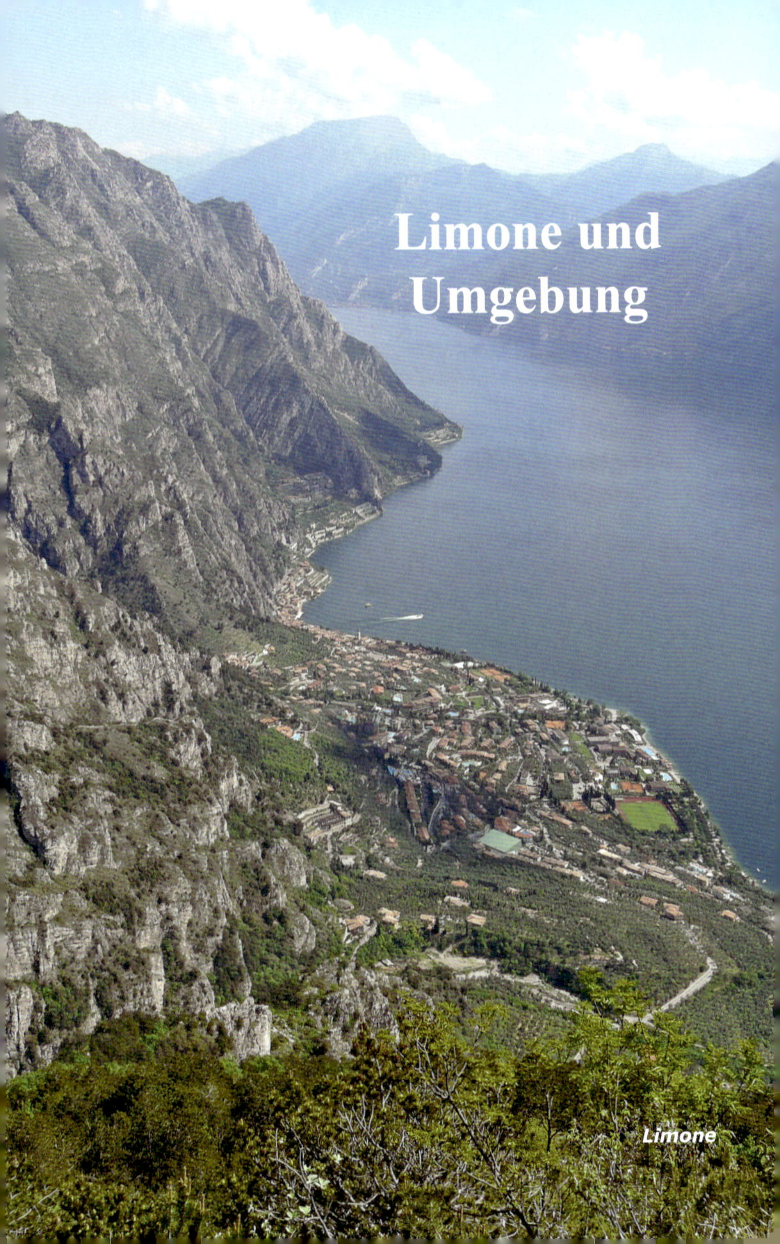

Das im Westen von steilen Felswänden eingerahmte Limone ist das Touristenzentrum am westlichen Gardasee. Nur wenige der vielen Tagesbesucher ahnen, dass wenige Kilometer landeinwärts einsame Wege zu Touren mit traumhaft schönen Blicken hinunter einladen. Mit Ausnahme des Sentiero del Sole geht das allerdings nicht ohne schweißtreibende Anstiege ...

Limone

Limone selbst, das auf einem Schwemmkegel mehrerer Bäche liegt, ist einer der beliebtesten Orte am Gardasee – an guten Tagen schlendern bis zu zehnmal (!) mehr Tagesgäste als Einwohner (ca. 1.000) durch die Gassen. Ein Kunstreiseführer (Dumont) bezeichnet Limone als „abschreckendstes Phänomen des Tourismus am See", hier sei „trotz der alten Bausubstanz jeder Charakter dahin". Das war nicht immer so: Vor dem Bau der Gardesana-Straße 1929-1932 war Limone nur mit dem Schiff erreichbar, erst danach entwickelte es sich zum touristischen Zentrum, das heute über eine gut ausgebaute touristische Infrastruktur verfügt. Welcher italienische Ort bietet sonst Wasserbrunnen mit Sprudel, öffentliche Toiletten, einen Radweg, Ausstellungen über den Ort – und alles gratis!

Genmutation in Limone – Goldgrube für Pharmakonzerne?

Die geografische Isolation von Limone – bis 1929 ohne Straßenanschluss – führte zu einer Mutation des Erbgutes: der Entstehung eines Proteins (Apolipoprotein A1), das 1979 zufällig in einem Mailänder Krankenhaus bei einem Arbeiter aus Limone gefunden wurde, der sehr hohe Cholesterinwerte hatte – ohne die entsprechenden Symptome (Arteriosklerose, Herzinfarkt). Mithilfe dieses Proteins werden Fette aus den Arterien transportiert und über die Leber ausgeschieden. Kein Wunder, dass bisher viele Kongresse den Geheimnissen dieses Proteins nachgegangen sind – mit kräftiger Unterstützung von Pharmakonzernen. Dieses nützliche Protein A1 tragen heute noch mehrere Einwohner in sich – insgesamt fast 50 Personen, allesamt Nachkommen der Familie Pomaroli bzw. eines im Jahr 1644 verheirateten Paares.

Mehr Infos gibt es im Museum von Limone (☞ nächste Seite).

Auffällig an Limone sind die alten, terrassenförmig angelegten Zitrusbaumpflanzungen unterhalb der mächtigen Felsen. Der Ortsname Limone soll aber nicht von den Früchten kommen: Sprachforscher sehen den Ursprung des Ortsnamens in der Lage Limones an der alten Nordgrenze (römisch „limes") der Republik Venedig und später des italienischen Königreichs.

Touristinfo an der Uferpromenade im Gebäude des Museums sowie bei der Bushaltestelle an der Via IV Novembre 29\L, ☏ 03 65 91 89 87, www.visitlimonesulgarda.com. Hier gibt es auch Tickets für den Linienbus, etwa nach Tremosine.

Spar und großer Shop der Olivenkooperative, an der Hauptstraße Via IV Novembre 29, nahe der Bushaltestelle

WC öffentliche Toiletten im Zentrum an der Touristinfo sowie am Strand neben Fähranleger und Parkhaus

öffentlicher Brunnen im kleinen Stadtpark beim Rathaus in der Villa Boghi an der Hauptstraße

Seit 2017 gibt es einen **Dog Park** im oberen Ortsteil Crocette (Strada Provinciale 115), wo Hunde innerhalb eines großen ummauerten Bereichs frei herumtollen können. Bei Google wird der Park in der Kategorie „Fitnessstudios“ geführt. ständig, Eintritt frei

⌘ Die **Limonaia Castel** ist ein traditionelles Zitronengewächshaus, von denen es einst viele am Gardasee gab (☞ Gargnano). Die oberhalb der Altstadt liegende Limonaia wurde 2004 rekonstruiert und zeigt zahlreiche Zitrusgewächse: Zitronen, Limonen, Grapefruits, Bitterorangen, Mandarinen, Clementinen und Kumquats, die auf Terrassen zwischen Mauern wachsen. Schön ist auch der Blick von den Mauern hinunter auf den Ort. März bis Ende Okt täglich Ende 10:00 bis 18:00, von Mai bis Sept bis 22:00, Eintritt € 2

♦ Wer es eine Nummer kleiner mag, kann sich (gratis) die kommunale Limonaia im Stadtpark neben dem Rathaus in der Villa Boghi anschauen, mit Fischerei-Ausstellung. (☞ Tour 10)

♦ Das städtische Museum im ehemaligen Rathaus an der Uferpromenade dokumentiert die Entwicklung des Tourismus. Ein Raum ist dem Protein A1 (☞ Kasten) gewidmet. täglich 10:00 bis 23:00, Eintritt frei

8 Rundwanderung von Limone auf die Cima di Mughera

WC

Tour für sportlich Ambitionierte und Landschaftsgenießer

Diese anspruchsvolle Bergwanderung führt auf einen Berg, der mehr als 1.000 m über Limone aufragt. Ein weiter Blick belohnt die Mühen des Aufstiegs. Der Abstieg ist sehr steil und geröllig, von daher sind stabile (Knie)Gelenke und/oder Stöcke ein Muss. Schließlich erreichen Sie den Sentiero del Sole und folgen diesem nach Limone.

- Start/Ziel: Limone, Bushaltestelle, GPS N 45°48.829‘ E 010°47.506‘
- 12,4 km
- 5 Std.
- 1.180 m/1.180 m. Größter Teil des An-/Abstiegs (1.080 m) am Stück
- 65-1.160 m
- gelegentlich Wegweiser, rot-weiß, 101, 422, 122
- Rastplätze/Sitzbänke oberhalb von Reamol nach dem Hauptabstieg (km 9,5 und 9,7)
- Hotel-Bars am Gardasee kurz nach dem Abstieg (km 10,3 und 11,3) sowie Bar Milanese kurz nach dem Start (km 0,7)
- WC öffentliche Toilette in Limone bei der Touristinfo
- Supermarkt (Spar) 70 m vom Startpunkt entfernt in südlicher Richtung an der Hauptstraße
- Bademöglichkeit am Ende bei der Uferpromenade (km 11,6)
- Für Kinder ist die Tour wegen der An-/Abstiege eigentlich zu anspruchsvoll.
- Für Buggys ist der Weg wegen des langen und steilen Auf-/Abstiegs ungeeignet.
- Teilweise felsiger Untergrund, Hunde müssen bei/in Limone an der Leine geführt werden.
- P (gebührenpflichtige) Parkplätze in Limone (etwa € 2 pro Stunde), z. B. an der Bushaltestelle (GPS N 45°48.803' E 010°47.488')
- Limone ist mit dem Linienbus von Riva aus Richtung Süden zu erreichen. Auch von Tremosine gibt es Busverbindungen (Linie LN012, rund 10 Verbindungen täglich). www.arriva.it → Travel with us → Search your lines → SIA → Area Garda e Valle Sabbia
- Viele Schiffsverbindungen von/nach Torbole, Riva, Malcésine und aus dem Süden. Der Schiffsanleger (Hafen) ist 300 m vom Startpunkt entfernt.

Die Rundtour beginnt bei der Bushaltestelle an der Hauptstraße, oberhalb der Kirche. Gleich daneben ist die Touristinfo. Den Gardasee im Rücken folgen Sie der in südwestliche Richtung aufsteigenden Via Caldogno, vorbei an einem Parkplatz auf der linken Seite. Nach 7 Min. geht es bei einer Gabelung geradeaus auf der Via Molina weiter. Am Ende der Straße queren Sie auf einer Brücke den Wildbach San Giovanni ❶.

✕ Rechts liegt etwas oberhalb die Bar Milanese, täglich 8:00 bis 21:00, www.limonelamilanesa.com.

Nach dem Bach folgen Sie dem gepflasterten Maultierpfad (101) durch das für Wanderer gut erschlossene Valle del Singol aufwärts. Die im Laufe der nächsten 30 Min. nach links aufwärts zur Dalco-Alm führenden Wege 111 und 102 ignorieren Sie, Sie wandern immer geradeaus.

Gut 45 Min. nach dem Start ❷ (km 2, ⇧ 435 m) folgen Sie Weg 101 rechts über den Bach und nach 200 m nach einer weiteren Bachquerung rechts, nach 50 m links und weiter in Serpentinen aufwärts. Bei einer Gabelung nach etwa 40 Min. (km 3,2, ⇧ 700 m) folgen Sie Weg 101 rechts steil aufwärts (geradeaus führt 103 zur Malga Dola ai Pre). Nach gut 1 Std. ist der Kamm der Cima Mughera erreicht. Kurz vor dem Gipfel biegen Sie rechts ab und erreichen nach 100 m ein Plateau mit schöner Aussicht ❸ (km 4,9, ⇧ 1.161 m).

Aufstieg auf die Cima di Mughera

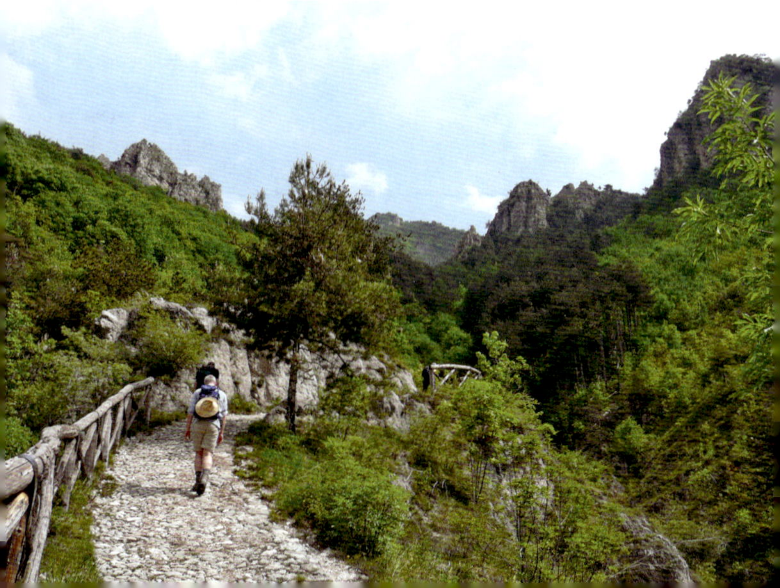

Weiter geht es in nördlicher Richtung und nach 100 m bei der Gabelung rechts auf Weg 422. Nach 30 Min. passieren Sie nach kurzem Anstieg auf einem alten Militärweg den Passo Rocchetta mit kleiner Hütte (km 6,2, ⇧ 1.165 m) und gehen dort geradeaus, um dann in einem Rechtsbogen über die Malga Palaer um den Monte Palaer herum abwärts zu gehen, teilweise in einer Art Hohlweg. Nach etwa 35 Min. erreichen Sie den Sattel Bocca dei Larici ❹ (km 7,8, ⇧ 881 m). Hier wandern Sie rechts abwärts auf Weg 122 Richtung Limone.

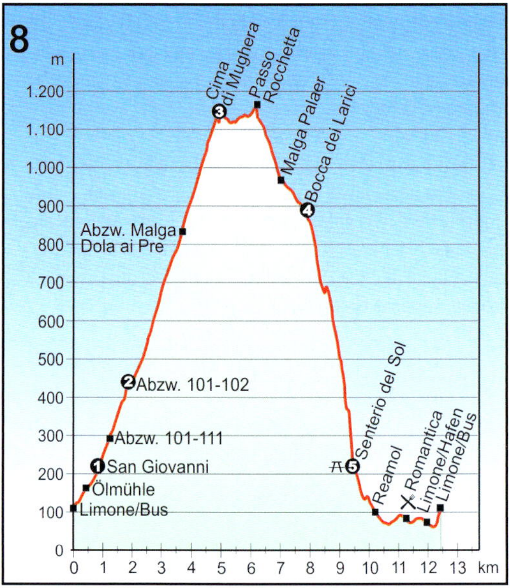

Vorher lohnt sich ein 100 m langer Abstecher geradeaus auf kleinem Pfad zur Punta Larici, einem schönen Aussichtspunkt. Auf demselben Weg geht es zurück und dann links (ostwärts) auf Pfad 122 hinunter. Er führt in steilen Serpentinen an der Felswand hinab Richtung Limone und quert einige Bachtäler, etwa den Torrente Valle Dei Larici.

Nach etwa 1 Std. 15 Min. erreichen Sie bei einer Aussichtsbank ❺ (km 9,5, ⇧ 220 m) eine T-Kreuzung mit dem Sentiero del Sole (☞ Tour 9), dem Sie rechts abwärts folgen. Nach etwa 200 m kommen Sie zu einer weiteren Aussichtsbank.

Nach 10 Min. erreichen Sie bei Reamol die Hauptstraße Gardesana occidentale.

20 m links liegt an der Hauptstraße das Hotel-Bar Panorama, ☎ 03 65 95 46 12, täglich Mitte April bis Mitte Okt.

Sie queren die Hauptstraße und folgen dem Fußweg am seeseitigen Straßenrand für 50 m nach rechts, ehe es links in eine Straße geht, die nach einer Rechts-

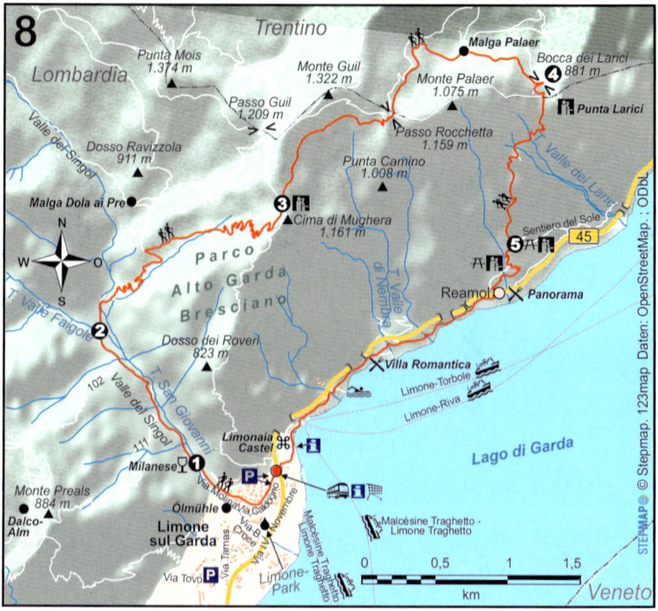

kurve oberhalb vom Ufer auf Limone zuführt, leider nicht immer mit freier Sicht. Das ist im Übrigen auch der Verlauf des Sentiero del Sole (☞ Tour 9).

✕ Nach 15 Min., 100 m nach der Querung des Baches Nembra, erreichen Sie das links liegende Hotel-Restaurant Romantica (km 11,3), dessen sehr schöne Aussichtsterrasse zu einer Pause einlädt – noch weit entfernt von dem Trubel der Tagestouristen in Limone. ☏ 03 65 91 46 84, 💻 www.hotelvillaromantica.it

Nach 5 Minuten führt links ein Betonstufenweg zwischen Mauern hinunter zu einer öffentlichen Badestelle am Gardasee (50 m).

Der Sentiero del Sole mündet in Limone auf die Piazza Gerardi Franco mit dem Anleger für Linienschiffe (km 12, ⇧ 70 m). Zurück zum Startpunkt geht es wie folgt: Sie folgen dem Hauptweg Via Porta rechts unter den Häusern hindurch an allerlei Geschäften vorbei. Nach 150 m passieren Sie zur Linken das alte Rathaus mit dem Museum und auf der anderen Seite die Touristinfo und die öffentlichen Toiletten. Weiter geht es geradeaus auf der Haupteinkaufsstraße leicht aufwärts. Nach 100 m, vor der Kirche, nehmen Sie rechts die Via Cortili, die nach 70 m eine Unterführung unter der Gardesana occidentale erreicht. Dahinter geht es links zum Startpunkt.

Blick von Cima di Mughera

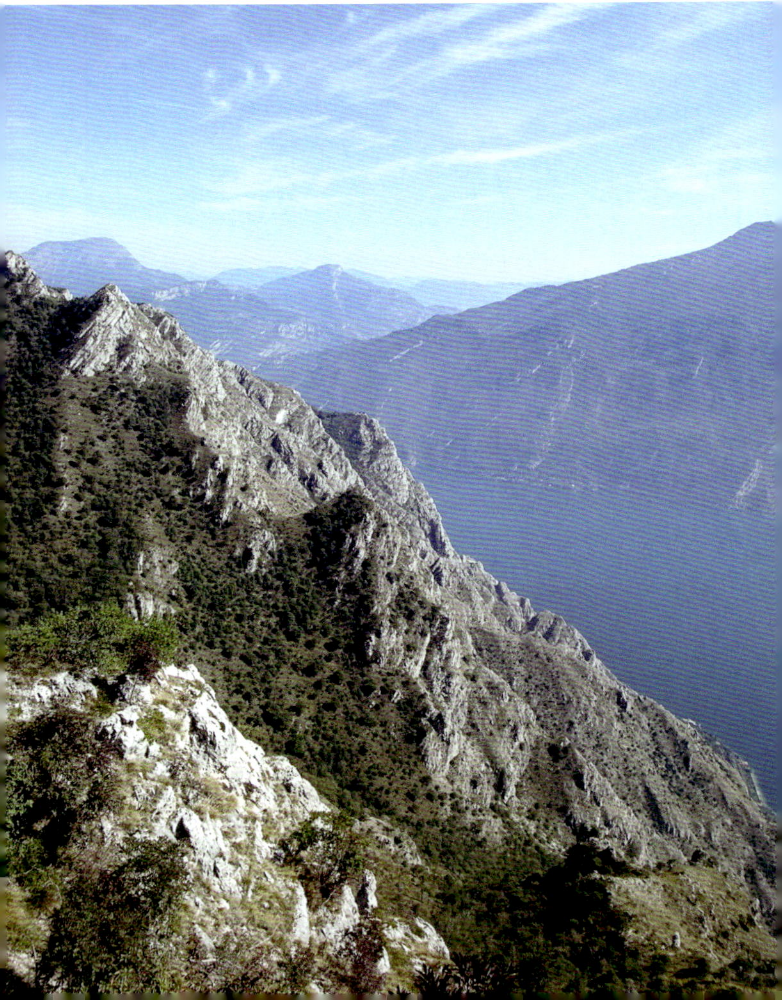

9 Sentiero del Sole

Kurze Tour für Landschaftsgenießer

Diese kurze Wanderung führt von Limone ausgehend am Ufer entlang, später warten einige Steigungen. Im ersten Teilstück verläuft die Tour über asphaltierten Weg und ist sehr leicht, danach wird es etwas „pfadiger" und es geht aufwärts. Die Anstrengung wird mit schönen Blicken über den Gardasee belohnt. Vorbei an einem Kalkofen wandern Sie zu den Resten einer alten Festung aus dem Zweiten Weltkrieg. Von hier geht es teilweise auf demselben Weg zurück nach Limone.

Start/Ziel: Limone, Hafen, GPS N 45°48.993' E 010°47.641'
7 km
2 Std. 30 Min.
300 m/300 m
65-235 m
Wegweiser Sentiero del Sole
Rastplätze/Sitzbänke bei km 2,3 und 2,5
Hotel-Bars (km 0,7 und 1,8 bzw. km 4,3 und 5,5)
Bademöglichkeit beim Ortsausgang von Limone (km 0,4 bzw. 5,8)
für Kinder wegen des abwechslungsreichen Verlaufs und der guten Aussicht schön
mit Buggys im ersten Teil (bis km 1,8 und von dort zurück) machbar
Für Hunde geeignet, in Limone bzw. am Ufer besteht allerdings Leinenpflicht.
mehrere (gebührenpflichtige) Parkplätze in Limone, z. B. am Busbahnhof (GPS N 45°48.803' E 010°47.488') oder am Fährhafen (GPS N 45°48.711' E 010°47.632'), jeweils etwa 400 m vom Startpunkt entfernt (etwa € 2 pro Stunde)
Limone ist mit dem Linienbus von Riva aus Richtung Süden zu erreichen. Auch von Tremosine gibt es Busverbindungen. Die Bushaltestelle liegt 300 m vom Startpunkt entfernt, etwas oberhalb. www.arriva.it → Travel with us → Search your lines → SIA → Area Garda e Valle Sabbia
Viele Schiffsverbindungen von/nach Torbole, Riva, Malcésine und aus dem Süden. Der Startpunkt der Tour ist direkt am Anleger der Linienschiffe. Falls Sie mit einem Privatausflugsboot von Malcésine (oder Riva) kommen, müssen Sie rund 5 Min. rechts der Uferpomenade bzw. Einkaufsstraße folgen, denn die Ausflugsboote legen an einer anderen Stelle an.

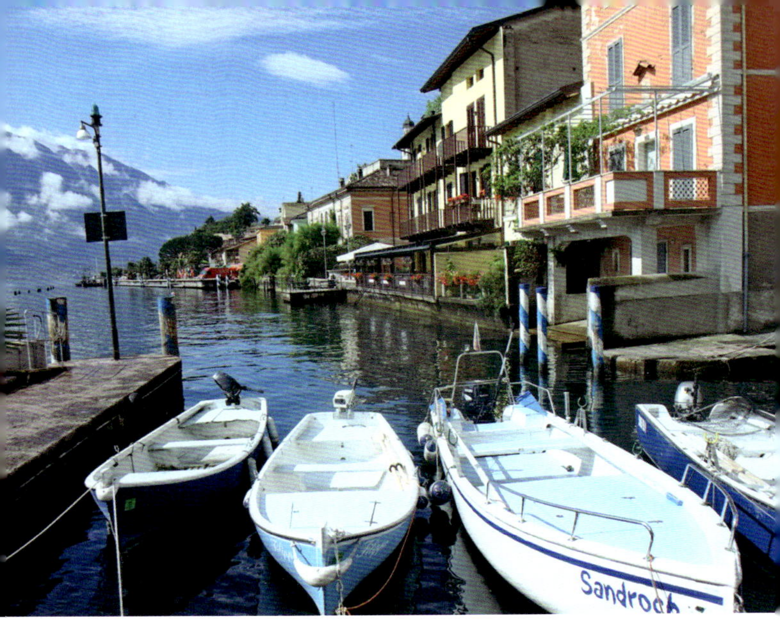

Limone

Weg vom Parkplatz/der Bushaltestelle zum Startpunkt
(⌛ 5 bis 10 Min.)

An dem Platz, wo die Busse halten (auch Touristinfo), nehmen Sie die Fußgängerunterführung unter die Hauptstraße hindurch. Nach 30 m geht es links in die Via Fontane. Sie folgen ab jetzt dem Wegweiser zur Limonaia Castello. Der Weg führt auf etwa gleichbleibender Höhe durch schmale kleine Gassen im oberen Ortsteil. Nach 200 m führen links Stufen zu der Limonaia Castello hinauf, die genau oberhalb liegt (☞ Info unten). Ab hier laufen Sie auf den (Stufen)Wegen rechts abwärts zum Seeufer. Dort folgen Sie links der Haupteinkaufsstraße Via Porta unter Häusern hindurch und erreichen 200 m nach der Limonaia die kleine Piazza Gerardi Franco mit dem Anleger für Linienschiffe, den Startpunkt der Tour.

Die Tour beginnt am Schiffsanleger am nördlichen Ende der Haupteinkaufsstraße (Piazza Gerardi Franco). Sie gehen links an der Biglietteria der Schiffslinie vorbei landeinwärts aufwärts und folgen dann rechts der Via Nova. Der Sentiero del Sole ist gut ausgeschildert und führt die ersten knapp 2 km überwiegend auf asphaltiertem Weg am Hang entlang. Oberhalb verläuft die stark befahrene Gardesana occidentale und rechts unten liegt das Seeufer.

Nach 5 Min. führt rechts ein Betonstufenweg zwischen Mauern abwärts zu einer öffentlichen Badestelle. Hier kommen Sie allerdings auf dem Rückweg wieder vorbei, dann ist der Zeitpunkt für ein Bad vielleicht günstiger.

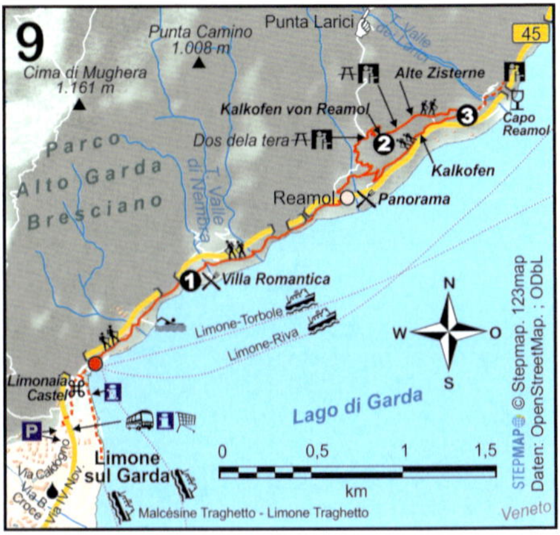

Gut 8 Min. nach der Abzweigung zur Badestelle und 200 m nach dem ✕ Hotel Romantica ❶ macht die Straße eine Linkskurve. Sie folgen dem gepflasterten Weg geradeaus abwärts (Via Nova, Schild Verkehrsverbot 250 m).

Nachdem der Weg zuletzt wegen des Verkehrsverbots deutlich ruhiger war, erreichen Sie nach einer scharfen Linkskurve die viel befahrene Gardesana occidentale (km 1,8, ⇧ 105 m). Auf der rechten Straßenseite führt der Sentiero del Sole hinter der Leitplanke rechts an der Hauptstraße entlang, um sie nach 50 m zu queren. 30 m vor Ihnen liegt in Sichtweite die ✕ Hotel-Bar Panorama.

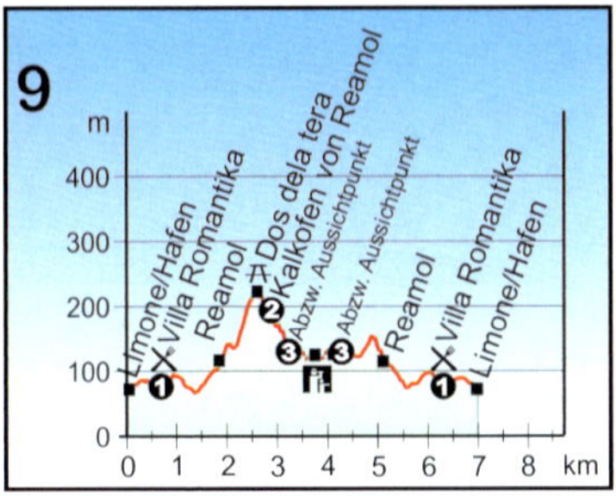

Auf der seeabgewandten Seite führt Sie ein Pfad (122, Sentiero del Sole) links neben einem Bachtal aufwärts. Nach 50 m geht es bei einer Gabelung rechts auf dem Sentiero del Sole, einem Schotterpfad, weiter. Bei der nach 100 m folgenden Gabelung wandern Sie geradeaus und queren eine kleine Schlucht. Der links aufwärts führende Pfad (122) wäre als steile aufwärts führende Abkürzung auch möglich, beide Wege treffen nach 5 Min. wieder zusammen.

Nach der Querung der kleinen Schlucht folgt eine weitere Gabelung, wo Sie links gehen, leicht aufwärts (Sentiero del Sole). Nach 200 m mühsamen Aufstiegs mündet von links der Pfad 122 (die Abkürzung) ein. Kurz darauf passieren Sie zur Linken eine ⛩ Bank mit toller Aussicht (km 2,3, ⇧ 180 m).

Weiter geht es aufwärts über den gerölligen Pfad, ehe Sie nach 10 Min. einen weiteren schönen Aussichtspunkt erreichen, am höchsten Punkt der heutigen Tour, auf dem Bergrücken Dos dela tera (km 2,5, ⇧ 220 m). Am Aussichtspunkt lädt eine Bank zur Pause ein.

Auf dem Sentiero del Sole

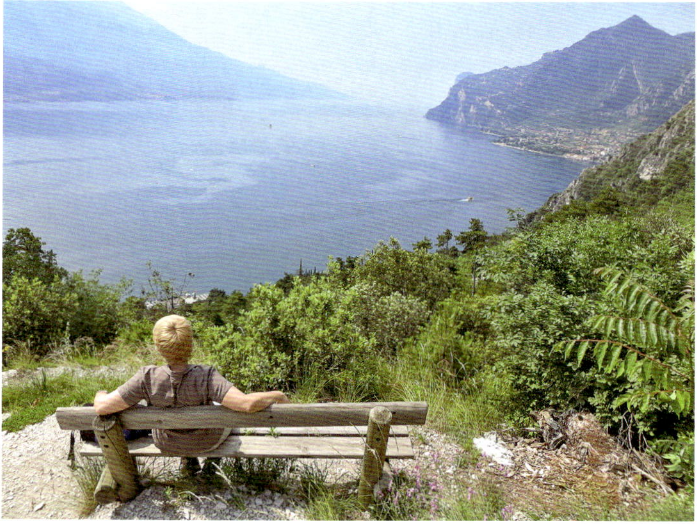

Von der Bank folgen Sie dem Schotterpfad rechts abwärts. Nach links ginge es aufwärts auf Weg 122 zur Punta Larici (☞ Tour 8). Nach 220 m passieren Sie den Kalkofen von Reamol ❷. Die zahlreichen Kalköfen in der Region wurden zur Gewinnung von Kalk genutzt, der aus Kalksandstein bei bis zu 1.000°C gebrannt wurde. Kalk diente als Ausgangssubstanz für Baumörtel, Putz, Farben und Desinfektionsmittel. Nach 100 m passieren Sie eine weitere Bank mit Aussicht.

Beim Weiterweg geht es nach 120 m an einer alten Wasserzisterne vorbei, ehe Sie nach insgesamt etwa 10 bis 15 Minuten Abstieg auf eine Gabelung stoßen ❸ (km 3,3, ⇧ 130 m).

Geradeaus führt der Sentiero del Sole wieder zurück nach Limone, während scharf links ein kleiner Abstecher möglich ist.

↳ Abstecher zu Aussichtspunkt und Einkehrgelegenheit (➲ 2 x 300 m)

Nachdem Sie dem Pfad links gefolgt sind, geht es nach 120 m rechts abwärts auf einem kleinen Pfad Richtung Uferstraße und kurz danach wieder links, über ein kleines Bachbett. Nach 100 m erreichen Sie das Ende des Pfades mit netter Sicht. Die Mauerreste links und kurz vorher sind Relikte militärischer Anlagen aus dem Zweiten Weltkrieg. 200 m nach dem Wendepunkt ist im Seitental (Valle dei Larici) nach links ein 100 m langer Abstecher zu einer Einkehrgelegenheit möglich:

🍷 Bar im 4-Sterne-Hotel Capo Reamol mit Terrasse. Zur Mittagszeit gibt es auch Kleinigkeiten zu essen. ☎ 03 65/95 40 40, 💻 www.hotelcaporeamol.it

Zurück zur regulären Route geht es wie auf dem Hinweg.

200 m nach der Gabelung passieren Sie einen weiteren, dieses Mal kleineren Kalkofen. 5 Min. danach folgen Sie dem Weg rechts aufwärts und ignorieren den geradeaus abwärts führenden kleinen Pfad. Sie wandern jetzt wieder wie beim Hinweg oberhalb der Schlucht entlang, danach zur Gardesana.

✕ 20 m links liegt an der Hauptstraße die Hotel-Bar Panorama, ☎ 03 65 95 46 12, 🚪 täglich Mitte April bis Mitte Okt

Sie queren die Hauptstraße und folgen dem Fußweg am seeseitigen Straßenrand für 50 m nach rechts, ehe es links in die Straße geht, die nach einer Rechtskurve oberhalb vom Ufer auf Limone zuführt.

✕ Nach 15 Min., 100 m nach der Querung des Baches Nembra, liegt links das Hotel-Restaurant Romantica ❶, dessen schöne Aussichtsterrasse zu einer Pause einlädt – noch weit entfernt von dem Trubel der Tagestouristen in Limone. ☎ 03 65 91 46 84, 💻 www.hotelvillaromantica.it

🏊 Nach 5 Min. zweigt links ein Pfad zur Badestelle im Gardasee ab (50 m).

Der Sentiero del Sole mündet in Limone wieder auf die Piazza Gerardi Franco ein (km 6,2, ⇧ 70 m).

⑩ Panoramarundwanderung von Limone zur Malga Dalco

Anstrengende Tour für Landschaftsgenießer

Diese Rundtour führt über einen abenteuerlichen Pfad in Serpentinen aufwärts. Oben auf dem Monte Preals angekommen geht es durch Wald am Rand der Dalco-Alm entlang, bis Sie ein alpiner Pfad auf einer atemberaubenden Passage hinunter in das Puratal führt, von wo Sie hinab nach Limone wandern. Bei dieser Stelle sowie an einigen Aussichtspunkten während des Aufstiegs sollte eine gewisse Portion Trittsicherheit und Schwindelfreiheit vorhanden sein!

- Start/Ziel: Limone, Bushaltestelle und Touristinfo, GPS N 45°48.829‘ E 010°47.506‘
- 9,3 km
- 4 Std. 30 Min.
- ↑ ↓ 910 m/910 m. Größter Teil des An-/Abstiegs (800 m) am Stück
- ⇧ 65-905 m
- Wegweiser und rot-weiße Markierungen (112, 110, 268)
- kein Rastplatz am Weg
- Wasserbrunnen in Limone am Ende des Weges
- Einkehrgelegenheiten am Anfang/Ende der Tour sowie Bar Il Chiosco kurz vor Schluss (km 8,3)
- WC öffentliche Toilette in Limone bei der Touristinfo
- Supermarkt (Spar) 70 m vom Startpunkt entfernt an der Hauptstraße in südlicher Richtung
- Für Kinder ist die Tour eigentlich zu steil.
- Für Buggys ist der Weg wegen des langen und steilen Auf-/Abstiegs ungeeignet.
- Hunden können teilweise frei laufen. Wenn die Hundepfoten keine Probleme mit Kalksteinstufen und -kanten haben, machbar.
- P Es gibt (gebührenpflichtige) Parkplätze in Limone, am günstigsten liegt der Parkplatz oberhalb der Bushaltestelle (GPS N 45° 48.803' E 010°47.488', etwa € 2 pro Stunde). ☺ Es gibt etwas außerhalb eine Gratis-Parkgelegenheit, etwa 300 m von der Route entfernt, und zwar in der Via Tovo, bei der Sporthalle, GPS N 45°48.451‘ E 010°47.136‘.
- Limone ist mit dem Linienbus von Riva aus Richtung Süden zu erreichen. Von Tremosine gibt es Busverbindungen. www.arriva.it → Travel with us → Search your lines → SIA → Area Garda e Valle Sabbia
- Viele Schiffsverbindungen von/nach Torbole, Riva, Malcésine und aus dem Süden. Der Schiffsanleger (Hafen) ist 300 m vom Startpunkt entfernt.

Die Rundtour beginnt zunächst wie Tour 9: Von der Bushaltestelle mit der Touristinfo geht es – den Gardasee im Rücken – in südwestlicher Richtung auf der Via Caldogno aufwärts, vorbei an einem Parkplatz auf der linken Seite. Bei der Gabelung nach 7 Min. halten Sie sich links (Via Fol). Auf einer Brücke überqueren Sie den Bach San Giovanni und erreichen kurz darauf einen Laden mit Ölmühle ❶ (km 0,5).

Oleificio – Cooperativa Agricola Possidenti Oliveti, Via Campaldo 10, ☏ 03 65 95 44 46, www.oleificiolimonesulgarda.it, Ende März bis Mitte Okt Mo bis Fr 10:00 bis 12:00 und 16:00 bis 18:00. Hier verkauft die lokale Genossenschaft von Olivenbauern ihre und andere Produkte. Die Mühle kann besichtigt werden.

Oliven von Limone

Das Olivenöl bei Limone wird wegen seiner Qualität gerühmt, die u. a. auf den niedrigen Säuregehalt (max. 1 %) zurückzuführen sein soll. Schon seit mehr als 100 Jahren werden die Oliven genossenschaftlich verarbeitet: Im Jahr 1919 gründeten 28 Kleinbauern eine Genossenschaft und kauften eine alte Mühle in der Via Campaldo, die vorher als Papiermühle diente und fortan zur kalten Pressung von Öl mit einem Granitstein genutzt wurde. Heute produzieren 450 Kleingesellschafter in der Kooperative zusammen rund 190 t Öl (2013), davon 35 t natives Olivenöl.

Olivenbäume

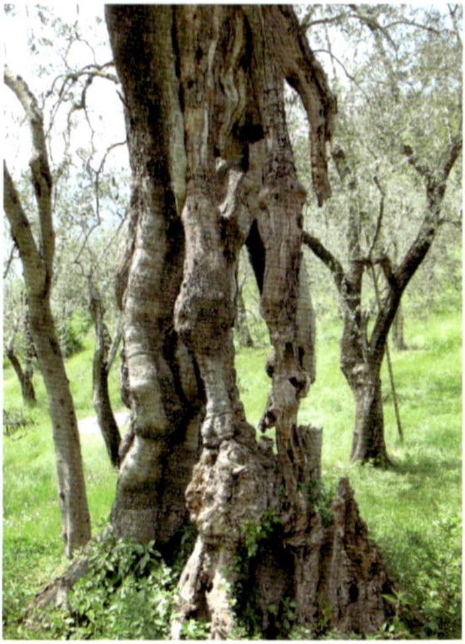

Ein Baum ergibt 10 bis 80 kg Oliven Die gut auf Kalkboden gedeihenden Olivenbäume werden bis zu 400 Jahre alt und tragen nach 25 Jahren Früchte. Rund um den Gardasee, eines der nördlichsten Olivenanbaugebiete überhaupt, wachsen rund 700.000 Olivenbäume, davon 15.000 in/um Limone.

Bei der Olivenmühle folgen Sie der rechts leicht aufwärts führenden Straße an dem Mahlstein vorbei, ehe Sie nach 100 m rechts in die (mit 30 %) ansteigende Via Prealzo biegen. Nach etwa 200 m halten Sie sich rechts. Der Weg sieht eher wie eine Privatzufahrt aus, hier beginnt aber der ansteigende Pfad (rot-weiß,

112). Nach etwa 100 m endet die Bebauung und nach einem Linksknick geht es aufwärts. Die im Folgenden rechts und links abzweigenden Pfade beachten Sie nicht und folgen Weg 112 geradeaus aufwärts. In Serpentinen geht es auf dem Pfad (112) für etwa 1 Std. aufwärts, mit atemberaubenden Ausblicken auf Limone und den Gardasee. Nach gut 30 Min. sorgt ein Wasserfall für Abwechslung (km 1,9, ⇧ 435 m).

Knapp 2 Std. nach dem Start erreicht der Pfad das bewaldete Hochplateau des Monte Preals (km 3, ⇧ 840 m). Hier folgen Sie dem Pfad kurz etwas links und dann scharf rechts abwärts. Die Wegführung ist nicht immer deutlich zu erkennen. Rechts erstreckt sich in dem Hochtal die großteils bewaldete Dalco-Alm, 100 m weiter rechts steht ein altes Almgebäude. Sie wandern geradeaus weiter (im Prinzip in nordwestliche Richtung) und erreichen auf der Westseite des Hochtals einen Weg, der vom Almgebäude kommt. Sie folgen diesem Weg (110) nach links durch Wald Richtung Bocca Sospiri.

Etwa 15 Min. nach der Alm erreichen Sie eine Kreuzung bei Dega (km 4,2, ⇧ 905 m), rechts zweigt der Weg 109 zur Corna Vecchia ab. Sie aber gehen geradeaus (268, Tremosine), vorbei an einer Sperre, die Mountainbiker abhalten

Aufstieg neben dem Bach

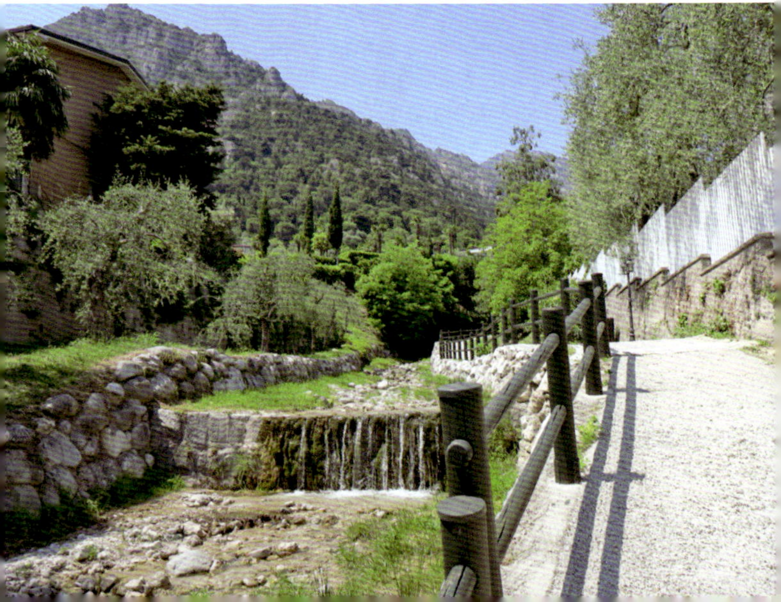

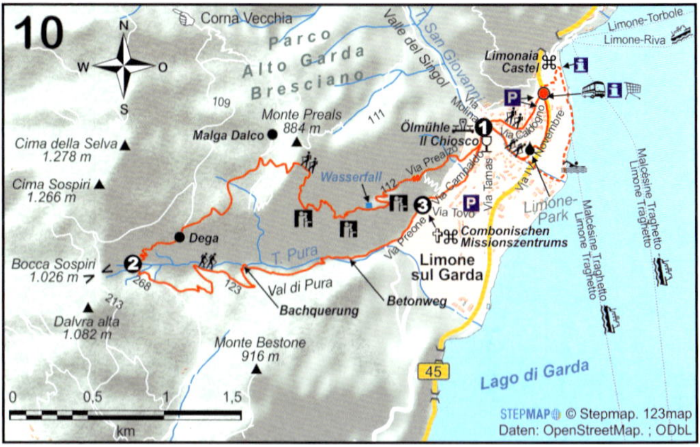

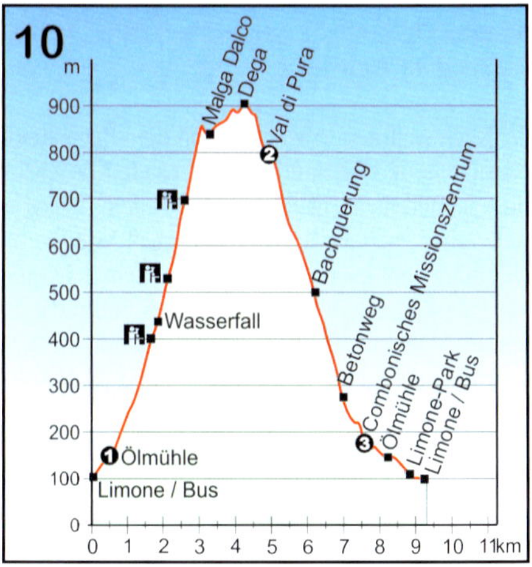

soll. Warum, sehen Sie nach wenigen Minuten: Der Weg führt in Serpentinen abwärts durch eine Wand, die teilweise fast senkrecht in das Val di Pura abfällt, durch das Sie nach Limone zurückwandern werden. Auf der anderen Seite erhebt sich über dem Gardasee der Monte Bestone (☞ Tour 12).

Nach 15 Min., 200 m nach der Querung des Tals bzw. des Baches Pura ❷ (km 5,1, ⇧ 790 m), nehmen Sie den links hinunter in das Puratal führenden Pfad (123, Limone). Der Weg führt teilweise über Schotter und Steine abwärts in das Puratal.

Nach 30 Min. halten Sie sich etwas rechts, rechts vom Tal. Eine Trittspur führt auch durch das steinige Bachbett, aber das ist zu anstrengend. Nach gut 15 Min. quert der Weg den Bach von rechts nach links (km 6,2, ⇧ 500 m); das ist eine nette Stelle für eine Pause.

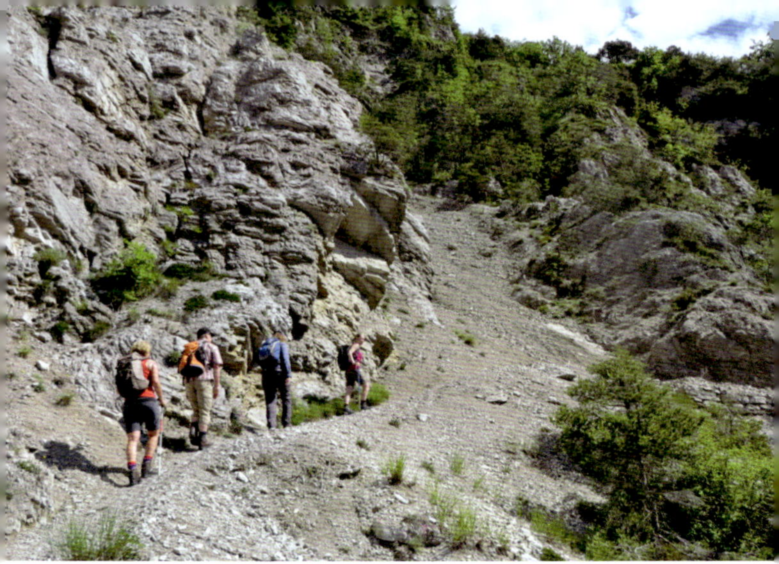

Aufstieg im Pura-Tal

Nach weiterem Abstieg neben dem Bach kündigt sich mit einem Gebäude aus Naturstein und Betonuntergrund wieder die Zivilisation an (km 7, ⇧ 275 m). Auf diesem Betonweg geht es steil abwärts – alles andere als eine Wohltat für die Knie, aber nach 5 Min. ist es geschafft! Bei der nach 200 m folgenden Straßenkreuzung geht es geradeaus weiter leicht links an der Straße (Via Preone) entlang. Nach kurzem und leichtem Anstieg führt die Straße unter einer Stromleitung abwärts. Weiter geradeaus wandern Sie durch Olivenhaine, die nach 5 Min. rechts abzweigende Straße ignorieren Sie und passieren in einer Rechtskurve zur Linken das auffällige Gebäude des combonischen Missionszentrums, erbaut in einer ehemaligen Limonaia ❸. Links lohnt sich ein kurzer Abstecher durch den Garten der Anlage und zur Kapelle.

⌘ Multimediale Ausstellung über das Leben von Daniel Comboni, Mai bis Okt täglich 9:00 bis 12:00 und 15:00 bis 18:00

Daniele Comboni – ein heiliger Missionar aus Limone

Der Missionar und spätere erste Bischof von Mittelafrika, Daniele Comboni, wurde 1831 hier geboren und in der Pfarrkirche S. Benedetto getauft. Er gilt als einer der wichtigsten Missionare Afrikas. 1881 starb er im Sudan an Malaria. Combonis Geburtshaus gehört heute der etwa 4.000 Mitglieder zählenden Comboni-Stiftung und dient als Stätte der Begegnung und Besinnung. Im Jahr 1996 ist Daniele Comboni von Papst Johannes Paul II. selig- und 2003 heiliggesprochen worden. Eine steile Karriere, sieben Jahre zwischen Selig- und Heiligsprechung sind nicht viel!

An der Weggabelung hinter dem Missionsgebäude halten Sie sich rechts und folgen der Via Campaldo abwärts durch die Olivenhaine. Abzweigungen beachten Sie nicht. Nach 5 Min. lädt rechts eine einfache Bar mit schöner Aussichtsterrasse zur Pause ein:

Bar Il Chiosco, Via Campaldo 7, Anfang April bis Ende Okt täglich 10:00 bis 23:00

Die Straße führt auf das Gebäude der Olivenmühle zu (km 8,4, ⇧ 165 m), das Sie bereits auf dem Hinweg passiert haben. Sie folgen der Straße an der Mühle vorbei geradeaus bis zur Brücke über den Bach San Giovanni. Ab hier ist der Weiterweg zurück zum Startpunkt anders als auf dem Hinweg, er führt durch den Park mit Limonaia, Wasserbrunnen und der Villa Boghi. An der Brücke folgen Sie rechts dem neu angelegten Fußweg links neben dem Ufer des Baches abwärts.

Variante zum Strand von Limone (➲ 200 m)

Wenn Sie zunächst ein erfrischendes Bad im Gardasee nehmen wollen, folgen Sie dem Weg neben dem Bach bis hinunter zum See. Bei der Mündung halten Sie sich links und erreichen den Strand, wo sich auch Tische, Bänke, eine Bar und (weiter hinten) öffentliche Toiletten befinden. Zurück zum Startpunkt laufen Sie die Uferpromenade entlang und durch das Zentrum.

Nach 5 Min. nehmen Sie vor der Straßenbrücke die Stufen aufwärts und laufen oben an der Statue des Brückenheiligen Nepomuk vorbei. Weiter geht es links auf der Straße und nach wenigen Metern links in den Park mit der kommunalen Limonaia.

⌘ Die kommunale Limonaia im Stadtpark neben dem Rathaus in der Villa Boghi zeigt mit einigen wenigen Zitrusbäumen, wie früher Obst angebaut wurde, außerdem ist eine Ausstellung über die Fischerei am Gardasee zu sehen. täglich Mai bis Sept 10:00 bis 22:00, März/April und Okt 10:00 bis 18:00, Eintritt frei

Öffentlicher Brunnen im kleinen Stadtpark beim Rathaus in der Villa Boghi an der Hauptstraße, wo man die Wahl zwischen drei verschiedenen Wässern hat: still, mit Kohlensäure oder besonders kalt.

Hinter dem Brunnen folgen Sie dem Fußweg zum nördlichen Ausgang des Parks zur Hauptstraße (Gardesana occidentale). Dieser folgen Sie 5 Min., bis der Start- und Zielpunkt der Tour erreicht ist.

Tremosine & Tignale

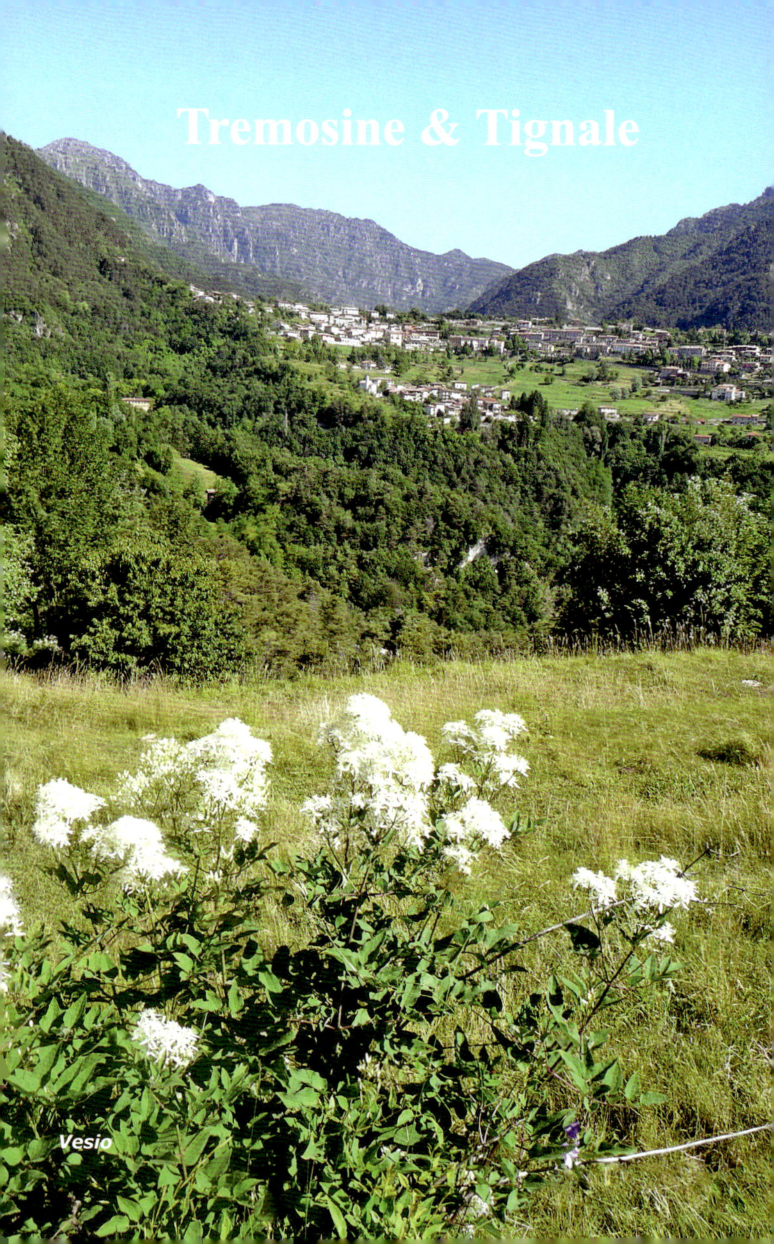

Auf der Westseite des nördlichen Gardasees erstreckt sich bei den Gemeinden Tignale und Tremosine ein weitläufiges und vielfältiges Wandergebiet, das von mehreren Tälern durchzogen wird. Vor allem das in einer Hochebene liegende und aus 18 Weilern bestehende **Tremosine** mit seinen rund 2.100 Einwohnern erweist sich als ein wahres Paradies für Outdoorsportler. Kein Wunder, dass sich in den letzten Jahrzehnten hier viele Süddeutsche eine Immobilie zugelegt haben. Früher waren Almwirtschaft und Baumwollspinnerei dominierende Wirtschaftszweige, heute ist das Gebiet von Urlaubern geprägt, die die angenehme Kühle und Ruhe oberhalb vom Gardasee genießen. Die größten Orte von Tremosine sind der Hauptort Pieve sowie Vesio, das wegen seiner Lage am Eingang des Bondotals besonders viele Wanderoptionen bietet.

Viele der schönsten Wanderwege verdanken ihre Existenz auch hier – ausgerechnet – dem Militär: Im Ersten Weltkrieg war Tremosine ein wichtiger Ort für die italienische Armee, die von hier aus die Berge rund um den Passo Nota mit Geschützstellungen ausbaute. Damals verlief hier die Frontlinie zwischen Italien und Österreich, dessen Südgrenze sich vom 19. Jh. bis zum Ende des Ersten Weltkrieges kontinuierlich Richtung Norden bewegte.

In den Orten der Gemeinde Tremosine sind Hundehalter verpflichtet, ihre Vierbeiner anzuleinen und Hundekottüten zu verwenden.

⓫ Rundwanderung um die Cima delle Volte bei Vesio

Tour für Landschaftsgenießer

Diese Rundwanderung führt in das einsame Tal des San Michele, zunächst sehr gemächlich, später etwas steiler ansteigend. Mehrmals (sechs bis neun Mal) muss der Bach über kleine Furten bzw. Steine gequert werden, was bei/nach regnerischem Wetter oder im Frühjahr einige Konzentration erfordert bzw. nur mit viel Mühe trockenen Fußes möglich ist. Auf einem aussichtsreichen Militärpfad geht es am Hang zur Bocca di Nansesa und von dort abwärts in das Valle di Bondo mit dem Endpunkt Vesio.

Start/Ziel: Vesio, Wanderparkplatz oberhalb vom Ort am Eingang des Bondotals, GPS N 45°47.663‘ E 010°44.903‘

18,2 km

5 Std.

1.050 m/1.050 m. An-/Abstieg großteils am Stück

555-1.295 m

Wegweiser, rot-weiße Markierungen, 218, 220

kein Rastplatz am Weg

Bar am Start-/Zielort Vesio

kommunale Wasserstelle am Startpunkt

Für Kinder wegen der Steigungen/Abstiege anstrengend; kindgerechte Höhepunkte sind Furten, kleine Wasserfälle und Aussichten.

Für Buggys ist die Tour wegen des teilweise felsigen Pfades nicht geeignet. Lediglich maximal bis zur Malga Pra delle Noci (km 9,2) wären Buggys denkbar – Sie gehen den Weg also hin und zurück. Startpunkt ist dann besser der Parkplatz am Anfang des San-Michele-Tals (nahe km 2,4).

Hunde können teilweise frei laufen, der felsige Untergrund beansprucht aber die Pfoten.

großer Parkplatz am Startpunkt (GPS N 45°47.663‘ E 010°44.903‘, kostenfrei) sowie am Anfang des San-Michele-Tals nahe km 2,4 (GPS N 45°46.969’ E 010°43.492’)

Busverbindungen von/nach Limone. Der Parkplatz ist „Depot“ der Busse, d. h. Endstation. arriva.it → Travel with us → Search your lines → SIA → Area Garda e Valle Sabbia → LN012

Am Parkplatz befindet sich kurz hinter der Wasserstelle eine Kreuzung kleiner Straßen. Sie gehen auf der Asphaltstraße (Via della Pertica) geradeaus, die rechts oberhalb der Ortsmitte von Vesio westwärts führt (Schilder: u. a. Tremosine, Voiandes). Links und rechts abzweigende Wege bzw. Straßen ignorieren Sie. Nach 15 Min. mündet die kleine Umgehungsstraße in die Hauptstraße, der Sie geradeaus folgen. Nach 30 m geht es unvermittelt auf Stufen in der Mauer rechts aufwärts – so können Sie die Straße in der Kurve vermeiden. Nach 5 Min. nähert sich der Pfad kurzzeitig der Straße, um sich nach 120 m wieder rechts von ihr zu entfernen, links vorbei an einem Wertstoffhof ❶. Der Pfad führt bis zum Beginn des Michele-Tals oberhalb der Straße am Hang entlang durch Wald und 200 m nach einer Rechtskurve zu einer Gabelung (rechts geht es nach La Cocca), wo Sie links abwärts gehen – zu einem Schotterweg, dem Sie geradeaus links oberhalb vom San Michele taleinwärts folgen. Nach 30 Min. führt der Fahrweg an ein Wasserstaubecken heran, hinter dem ein Gebäude steht. Kurz danach wird der San Michele über eine Steinbrücke gequert ❷ (km 5,6, ⇧ 570 m). Hinter der Brücke halten Sie sich rechts (Richtung Passo Tremalzo & Eremo). Nach 200 m zweigt bei ⛩ Tisch und Bank scharf links der Weg zum Eremo ab.

San Michele

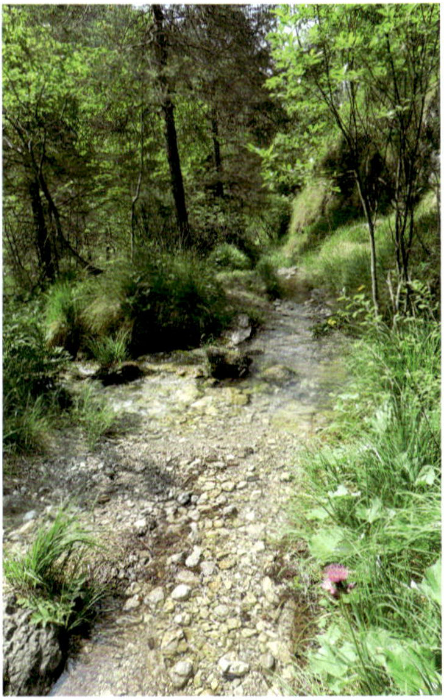

☹ ↳ Der 2 x 150 m lange Abstecher scharf links aufwärts zum Eremo (50 Höhenmeter rauf und runter) lohnt sich kaum, denn die Einsiedelei S. Michele ist verfallen und so mit Bäumen zugewachsen, dass die Aussicht kaum besser ist als von unten.

Der am Talboden leicht aufwärts führende Fahrweg führt Sie nach 20 Min. auf einer Brücke über den Bach (km 7,1, ⇧ 635 m) und weiter auf dessen rechter Seite entlang. Nach 10 Min. passieren Sie die Alm Malga Pra delle Noci mit

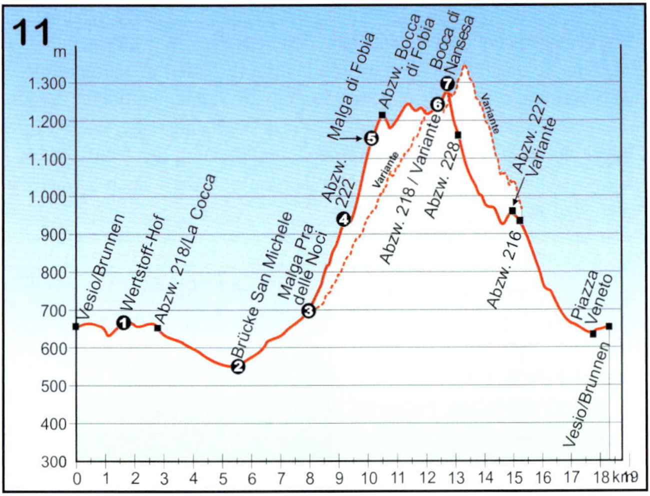

einem Haus und einer Brücke auf der linken Seite ❸. Kurz darauf halten Sie sich bei der Gabelung links und queren nach 30 m den Bach über eine (die erste) Furt (km 7,7, ⇧ 685 m). Weiter geht es auf leicht ansteigendem Weg zunächst links neben dem Bach her. Es folgen weitere (fünf größere) Furten und viele schöne Wasserfälle.

45 Min. nach der Malga Pra delle Noci (km 9,2, ⇧ 955 m) ignorieren Sie den links abzweigenden Weg 222 ❹ und gehen weiter geradeaus (218 Vesio 3.10), zunächst leicht abwärts und nach kurzer Zeit weiter aufwärts. Nach 30 Min. passieren Sie eine verfallene Hütte im Wald ❺ (Malga di Fobia) und folgen weiter dem Weg aufwärts, der nach 300 m zu einer Gabelung vor einem Felsen führt (km 12,4, ⇧ 1.220 m). Dort geht es geradeaus auf Weg 218 (Vesio 2.40), einen alten Militärpfad mit toller Aussicht über das Tal und auf das Tremalzo-Massiv, der schmal und teilweise spektakulär am Hang entlangführt, gelegentlich auch durch Tunnel. Nach 45 Min. erreichen Sie eine Kreuzung bei einer kleinen Wasserstelle ❻ (km 12,4, ⇧ 1.240 m). Links geht es aufwärts (220 Boccheta di Nansea 0.1).

➯ Nach rechts führt Pfad 219 nach 4 km hinunter zur Alm Pra delle Noci (1.30), an der Sie auf der ersten Hälfte der Wanderung vorbeigegangen sind (km 7,6).

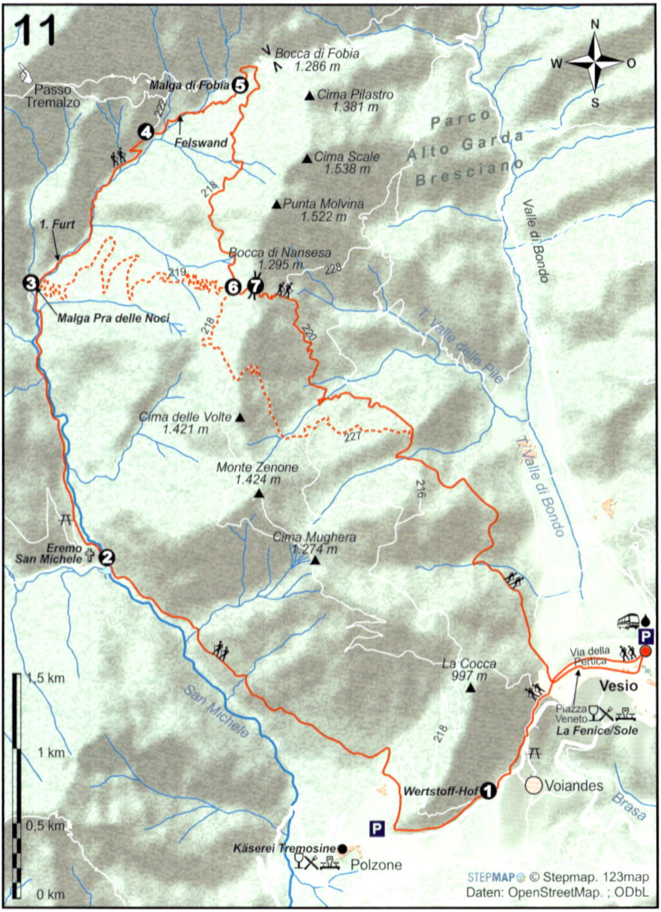

↬ Variante über die Cima delle Volte

(➲ 0,6 km und 100 Höhenmeter zusätzlich)

Wenn Sie noch etwas höher steigen möchten, können Sie den Kamm etwas weiter südlich beim 50 m höher liegenden Sattel nördlich der Cima delle Volte überschreiten.

Dazu gehen Sie bei der Kreuzung geradeaus auf Weg 218 (Monte Cocca 2 h), der bald leicht ansteigt. Nach 20 Min., kurz vor dem Sattel, nehmen Sie bei einer Gabelung den schmalen Pfad links aufwärts (218 La Cocca 1.15 / 227 Piazzolo 0.30) und überqueren kurz darauf den 1.350 m hohen Sattel, um auf der anderen Seite der Cima delle Volte (Westseite) durch Wald in Serpentinen abzusteigen. Nach 1 km halten Sie sich bei einer Gabelung links (227) und gehen links durch ein Viehgatter und danach auf dem Hauptweg abwärts über eine am Hang liegende Almwiese und weiter abwärts durch Wald. Nach 1 km erreichen Sie Wanderweg 220 der regulären Route, dem Sie rechts Richtung Vesio folgen.

Alter Militärpfad bei Cima delle Volte

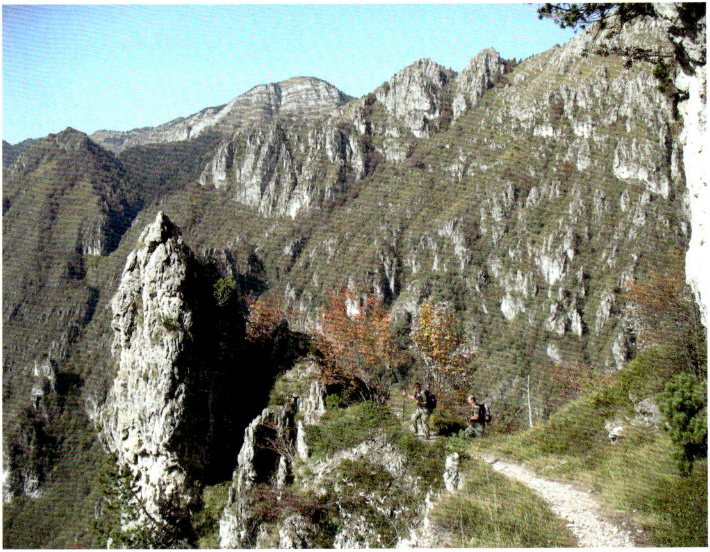

Nach 200 m erreichen Sie den Sattel Bocchetta di Nansesa ❼ (km 12,6, ⇧ 1.295 m). Auf der anderen (östlichen) Seite geht es auf Pfad 220 abwärts. Nach 10 Min. zweigt links Weg 228 ab, aber Sie folgen Weg 220 geradeaus abwärts. Nach etwa 45 Min. gehen Sie kurz nacheinander an zwei Abzweigungen nach rechts (aufwärts). Sie bleiben auf dem ansonsten abwärts führenden Weg 220 Richtung Vesio, halten sich also im Zweifelsfall etwas links. Unten im Tal, kurz vor Vesio und nach Verlassen des Waldes, erreichen Sie einen breiteren Weg (km 17,3, ⇧ 660 m) und folgen ihm rechts auf **Vesio** zu. Nach 100 m erreichen Sie am Ortsanfang die oberhalb am Ortskern vorbeiführende Umgehungsstraße, auf der Sie gekommen sind. In 10 Min. würden Sie links den Startpunkt erreichen. Aber vorher lohnt sich ein kurzer Umweg zum Zentrum mit dem netten, aussichtsreichen Dorfplatz, Bar und Laden: Sie kreuzen die Hauptstraße und folgen der Straße (Via Simosegna) geradeaus abwärts bis zur Dorfmitte mit dem Laden und dem Dorfplatz Piazza Veneto gleich rechts daneben.

Gute Bar/Restaurant beim Hotel La Fenice/Sole. Besser als direkt an der Straße sitzt es sich auf dem panoramareichen Platz auf der seezugewandten Seite.
☏ 03 65 95 11 28, ganzjährig täglich

kleiner Coop-Supermarkt in Vesio links vor dem Dorfplatz, Di bis Sa 8.00 bis 12:20 und 16:00 bis 19:00

Vom Dorfplatz gelangen Sie zum Startpunkt, wenn Sie den Platz zunächst in dieselbe Richtung verlassen wie gekommen, auf Höhe des coop-Ladens halten Sie sich bei der Gabelung links und folgen der leicht ansteigenden Via Orsino, auch durch die Linkskurve nach 200 m. 100 m nach der Linkskurve liegt rechts der Startpunkt der Tour, der Parkplatz mit Brunnen.

Einer der vielen Wasserfälle des San Michele

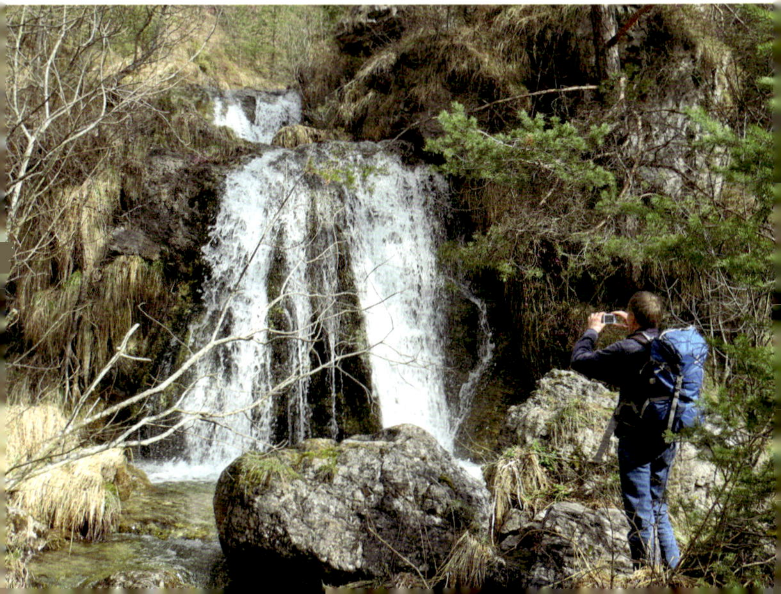

12 Von Tremosine zu Dalvra Bassa und Monte Bestone

Tour für Panoramaliebhaber

Diese Rundwanderung durch die Hochebene von Tremosine führt zu zwei sehr schönen Aussichtspunkten, Dalvra Bassa und Monte Bestone. Nach der Passage auf einem Kamm geht es vorbei am Hotel Le Balze und weiter abwärts nach Ustecchio, einen Ortsteil von Tremosine. Ein Waldweg führt Sie schließlich zu einem Speicherbecken, ehe Sie dem Tal des Baches Brasa folgen. Nach kurzem Zwischenanstieg erreichen Sie wieder den Startort Vesio.

- Start/Ziel: Vesio, Wanderparkplatz oberhalb vom Ort am Eingang des Bondotals, GPS N 45°47.663' E 010°44.903'
- 13,9 km
- 4 Std. 30 Min.
- 900 m/900 m. An-/Abstieg verteilt auf mehrere Teilstücke
- 350-925 m
- Wegweiser, rot-weiße Markierungen, 216, 268, 209
- Tische und Bänke am Start/Ziel
- Wasserstelle am Startpunkt der Tour
- Pizzeria Brasa (km 10,5, kurzer Abstecher)
- Bar am Start-/Zielort Vesio, Bar im Hotel Le Balze (km 6)
- für Kinder mit guter Kondition (Gesamtanstieg!) wegen des abwechslungsreichen Wegverlaufs mit vielen Höhepunkten und tollen Aussichten geeignet, Spielplatz 100 m unterhalb vom Start/Ziel
- für Buggys wegen schmaler Pfade beim An-/Abstieg nicht machbar
- Hunde können teilweise frei laufen, der felsige Untergrund stellt aber hohe Anforderungen an die Pfoten.
- P großer Parkplatz am Startpunkt (GPS N 45°47.663' E 010°44.903', kostenfrei)
- Busverbindungen von/nach Limone. Der Parkplatz ist „Depot" der Busse, d. h. Endstation. www.arriva.it → Travel with us → Search your lines → SIA → Area Garda e Valle Sabbia → LN012

Die Rundtour beginnt am Wanderparkplatz bei Vesio, wo meistens einige (blaue) Linienbusse abgestellt sind. Am Brunnen können Sie noch Ihre Wasserflasche auffüllen (aber höchstens 1,5 l und nur zwei Flaschen nacheinander, sonst droht ein Bußgeld ...). Den Brunnen und Vesio im Rücken geht es auf der

Straße über den Parkplatz. 100 m nach dem Brunnen macht die Straße vor einer Mauer mit Zaun eine Rechtskurve (Via delle Balze, 211). Hier folgen Sie geradeaus dem Schotterweg (106 Passo Nota). 50 m nach der Rechtskurve knickt der Weg links ab. Hier nehmen Sie rechts den Pfad links am (ersten) Haus vorbei, der zunächst leicht aufwärts verläuft. Nach 100 m geht es bei einer Gabelung links hinauf und weiter in Serpentinen teilweise recht steil aufwärts (216) durch Wald, von dem in den letzten Jahren größere Flächen inselhaft gerodet wurden.

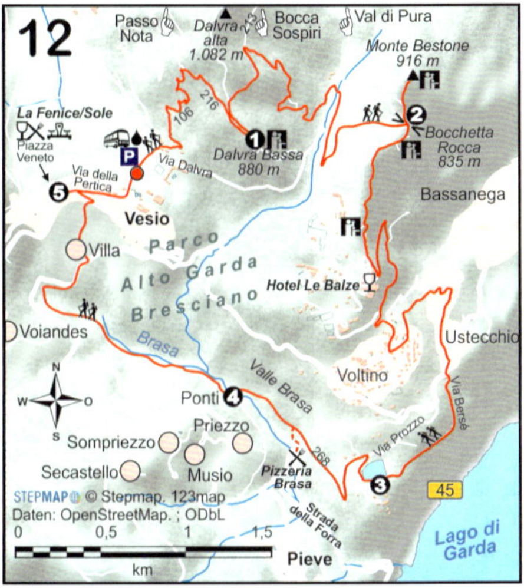

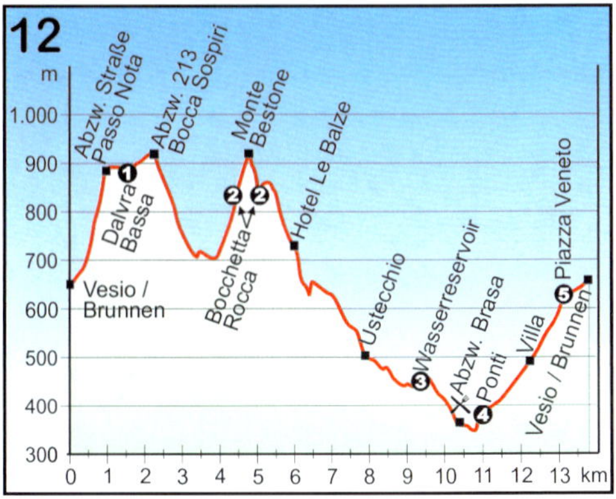

Nach 30 Min., kurz vor Erreichen der Schotterstraße Richtung Passo Nota, folgen Sie dem Wanderweg rechts (216 Bocca Sospiri) in etwa auf gleichbleibender Höhe durch Wald. Dieser Weg wurde zu militärischen Zwecken angelegt und führt zum strategisch günstig gelegenen Felsen **Dalvra Bassa** ❶ (km 1,6, ⇧ 880 m), der nach 10 Min. erreicht wird. Einen zuvor links abzweigenden Pfad ignorieren Sie. Der Aussichtsfelsen bietet einen schönen Blick auf die Hochebene von Tremosine und den Gardasee dahinter. Rechts ist der Endmoränenriegel von Vesio gut erkennbar.

Von dem am Ende eines schmalen Kammes gelegenen Aussichtsfelsen geht es scharf links auf einem Pfad auf der anderen (nördlichen) Seite des Kammes weiter. Nach 250 m halten Sie sich bei zwei direkt aufeinanderfolgenden Abzweigungen jeweils rechts und folgen Pfad 216 Richtung Bocca Sospiri auf dem Hangweg. Nach 8 Min. wird ein anderer Weg erreicht (km 2,2), dem Sie rechts abwärts folgen. Wegen des Steinschotters ist der Weg nicht ganz einfach zu gehen. Vor allem bei Nässe ist Vorsicht geboten! Bei der Abzweigung nach 10-15 Min. ist es egal, welche Variante Sie wählen, beide führen nach kurzer Zeit wieder zusammen. Der Weg rechts ist etwas länger, dafür weniger steil. Unten im Tal erreichen Sie eine Kreuzung mit einem kleinen Fahrweg (km 3,4, ⇧ 705 m), dem Sie rechts folgen. Nach 5 Min. nehmen Sie den scharf links aufwärts führenden Weg, der kurz darauf an einem Haus vorbei und dann durch eine Rechtskurve aufwärts führt. 200 m nach der Rechtskurve knickt der Weg nach rechts ab. Hier folgen Sie ihm geradeaus durch Wald weiter aufwärts, bis nach 200 m der Sattel **Bocchetta Rocca ❷** erreicht ist (km 4,5, ⇧ 835 m).

Der Weg führt später rechts auf dem Kamm entlang weiter, aber vorher lohnt sich ein Abstecher nach links auf den Monte Bestone (2 x 300 m), dessen Gipfel (⇧ 916 m) eine schöne Rundumsicht bietet – und ein Gipfelkreuz mit Gipfelbuch.

Auf dem Monte Bestone

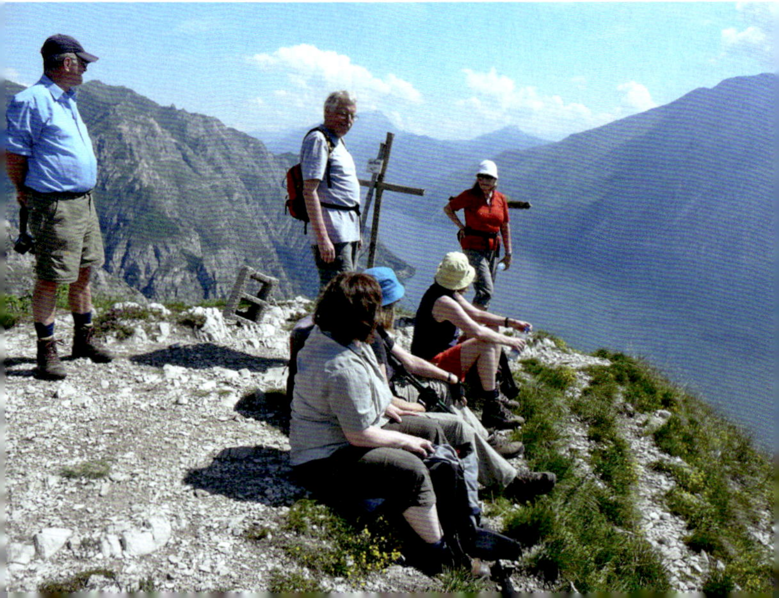

Vom Sattel Bocchetta Rocca folgen Sie dem Kammweg südwärts hinauf, zunächst über Schotter. Unterwegs warten weitere schöne Aussichtspunkte. Der Weg und der Kamm enden bei einem Reihenhaus mit Ferienappartements (km 6, ⇧ 710 m), die zum dahinterliegenden Hotel Le Balze gehören, das wie ein Adlerhorst spektakulär oberhalb einer Felswand thront und einen tollen Blick bietet. Früher war hier ein Beobachtungsposten des Militärs.

Bar im Hotel Le Balze, ☏ 03 65/91 71 55, März bis Okt täglich

Panoramablick vom Hotel Le Balze

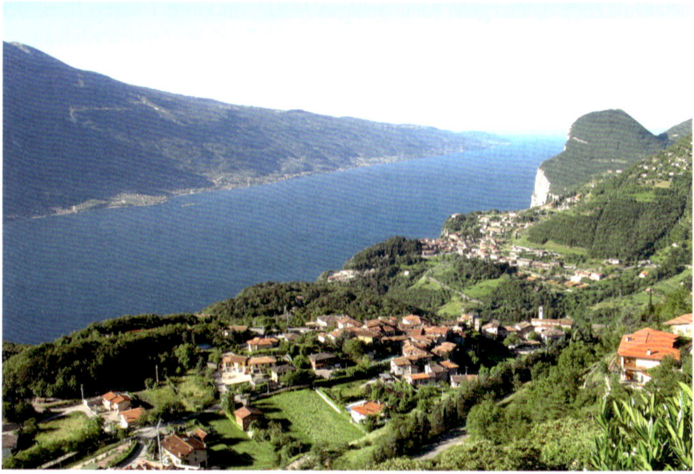

Sie folgen vor dem großen Gebäude des Hotels auf der Höhe eines Tennisplatzes (rechts) dem Weg links abwärts (Via Alpi) und gehen nach 100 m scharf links hinunter (km 6,1). Nach 10 m verengt sich der Weg zu einem Pfad, der im Frühjahr leicht überwuchert sein kann. Diesem Weg folgen Sie bergab, nach 200 m durch eine scharfe Rechtskurve und dann geradeaus, bis Sie 10 Min. nach dem Hotel die Zufahrtsstraße erreichen, der Sie links abwärts folgen.

☺ Bleiben Sie in Kurven der Straße nicht gedankenlos auf der linken Seite, wie es in Deutschland vorgeschrieben ist, sondern laufen Sie auf der Außenseite, wo Sie die Situation am besten überblicken können und außerdem besser vor Autos geschützt sind, die die Kurven oft sehr eng nehmen. Aber Vorsicht beim Überqueren der Straße!

13 Durch die Hochebene von Tremosine zwischen Vesio und Pieve

Tour für Landschaftsgenießer

Diese Rundtour erschließt den ländlichen Bereich der Hochebene von Tremosine mit dem traditionellen Wirtschaftsszweig der Alm- bzw. Milchwirtschaft. Pieve, der Hauptort von Tremosine, ist Start- und Zielpunkt. Vorbei am Restaurant „Schauderterrasse" und durch Olivenhaine und Wald wandern Sie nach Prabione. Dort beginnt ein längerer Anstieg, ehe es vorbei an einem großen Hof mit Rinderhaltung abwärts geht – zur Käserei Polzone, einem modernen Milchverarbeitungsbetrieb mit großem Verkaufsladen und Gastronomie. Mit schönem Blick nach Vesio wandern Sie über Sompriezzo und Musio zurück nach Pieve.

- Start/Ziel: Pieve, Piazza Marconi beim Rathaus im Ortszentrum, GPS N 45°46.261' E 010°45.636'. Bei Anreise mit dem Auto bietet sich auch der kostenfreie Wanderparkplatz vor der Käserei Polzone als Startpunkt an (Start dann bei km 7,1).
- 12,6 km
- 4 Std.
- 535 m/535 m. Großteil des An-/Abstiegs im Mittelteil
- 345-745 m
- Wegweiser, rot-weiße Markierungen (rw), u. a. Weg 267
- kein Rastplatz am Weg
- Ristorante Miralago und Hotel-Restaurant Paradiso am Start/Ziel in/bei Pieve, Restaurant San Marco in Pregasio (km 3,1), Restaurant in der Käserei (km 7,1)
- Bar in der Käserei (km 7,1)
- kleiner Laden in Pieve, kleiner Lebensmittelladen am Ortsanfang von Pregasio (km 3,1), Einkaufsgelegenheit in der Käserei (km 7,1, nicht nur Käse, sondern auch Backwaren u. a.)
- für Kinder recht abwechslungsreich, mit einigen schönen Aussichtspunkten
- für Buggys wegen stellenweise kleiner Pfade und der in der Summe vielen Steigungen/Abstiege nicht geeignet
- Hunde können großteils frei laufen.
- P kleiner Parkplatz in Pieve (GPS N 45°46.262' E 010°45.591', € 1 pro Stunde bzw. € 9 pro Tag), weiterer Parkplatz etwas unterhalb vom Ort an der Hauptstraße, 200 vom Dorfkern entfernt (GPS N 45°46.422' E 010°45.582'), kostenfreier Wanderparkplatz an der Käserei Polzone am Eingang des S.-Michele-Tals (km 7,1, GPS N 45°46.969' E 010°43.492')

Pieve ist von Limone und Vesio aus per Linienbus erreichbar. Die Haltestelle liegt etwas unterhalb vom Zentrum. www.arriva.it → Travel with us → Search your lines → SIA → Area Garda e Valle Sabbia → LN012

Pieve ist Hauptort der Gemeinde Tremosine und bietet einige Einkehrgelegenheiten und Läden, die alle in der Nähe zum Startpunkt liegen.

Touristinfo Pro Loco, Piazza Marconi 1, ☏ 03 65 95 31 85, www.infotremosine.org, April bis Okt täglich 9:00 bis 12:30 und 15:00 bis 18:30. Die kleine Touristinfo liegt direkt am Hauptplatz von Pieve gegenüber dem Marktplatz.

Die Wanderung beginnt in Pieve auf der Piazza Cozzaglio beim Ristorante Miralago, nahe der Kirche. Der Cappuccino vorne auf der Terrasse, 350 m steil über dem Gardasee, ist etwas für Schwindelfreie …

Ristorante Miralago (drinnen) mit Bar (draußen). Man sitzt zum Platz hin oder seitlich auf einer Terrasse mit weitem Blick hinunter. ☏ 03 65/95 30 01, www.miralago.it, täglich Ende März bis Ende Dez

Almwirtschaft

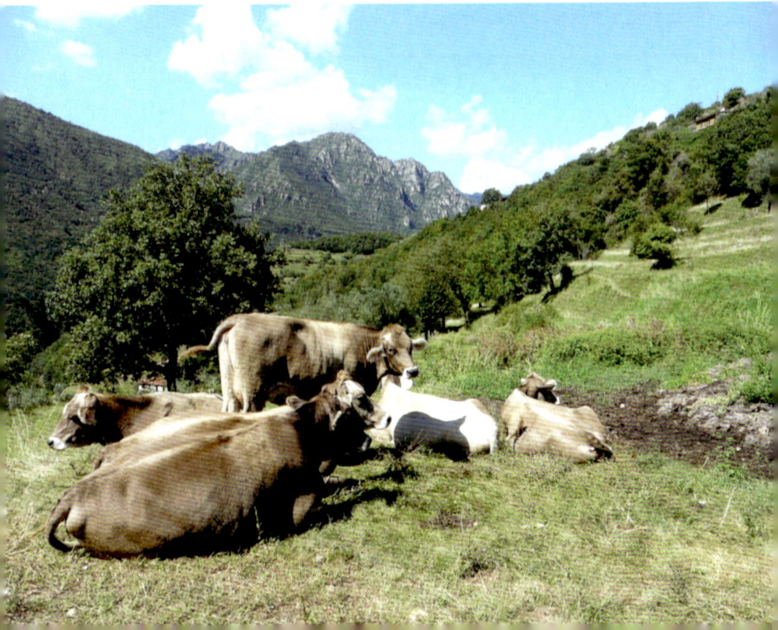

Sie wandern vom Platz südwärts auf die Pfarrkirche zu.

✝ Die Pfarrkirche von Pieve geht großteils auf das 16. Jh. zurück (Schiff, Glockenstuhl), während der romanische Turm im 12. Jh. erbaut wurde. Das Innere der Kirche ist barock.

Winston Churchill in Pieve

Im Sommer 1949 war Winston Churchill zu Besuch am Gardasee. Diese offiziell als Urlaub deklarierte Reise diente vermutlich dazu, kompromittierende Briefwechsel mit Mussolini zu vernichten. Dabei besuchte der englische Premierminister zusammen mit dem damaligen Erzpriester Andrea Cipan die Kirche in Pieve, wo vor allem das gut erhaltene Brokatgewand aus dem 16. Jh. seine Aufmerksamkeit erregte, mit dem man früher die Statue der Madonna bei Prozessionen bekleidete. Er bot einen beachtlichen Betrag dafür. Der Pfarrer soll während des Gebots zur Decke geschaut und seine Erklärungen zur Kirche fortgesetzt haben. Der Chronist Carlo Piovan kommentiert die Begebenheit wie folgt: „Churchill insistierte nicht. Er begriff, dass die blanke Armut ebenso stolz sein kann wie der Reichtum und die Macht. Demütig ohne Besorgnis." (Diese und weitere Geschichten erzählt die Broschüre „Tremosine – kleiner Führer" von Gabriele Scalmana, erhältlich im Touristbüro von Pieve.)

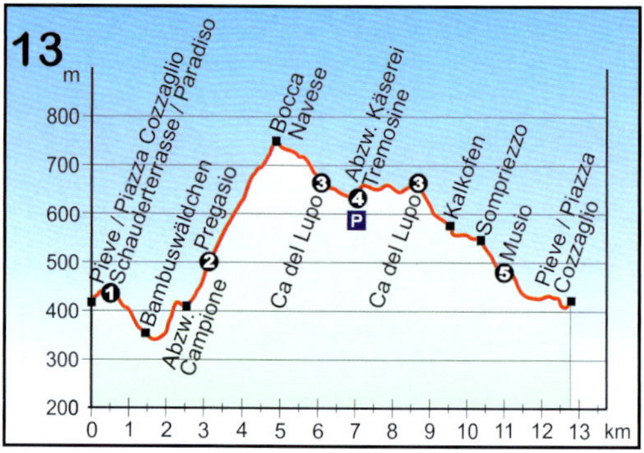

Mit dem Rücken zum seeabgewandten Haupteingang der Kirche geht es aufwärts auf einer Zypressenallee durch den kleinen Park. Nach 50 m folgen Sie der Viale Europa nach links und verlassen dabei Pieve in südlicher Richtung, ehe nach 200 m nach links ein Schild zur sogenannten „Schauderterrasse" einlädt ❶ (➲ 2 x 100 m) – auch ohne Konsum ein lohnender Abstecher!

🛏✕ Hotel Paradiso, ☏ 03 65 91 81 47, 💻 www.terrazzadelbrivido.it, Ü ab € 40. Das steil oberhalb einer Felswand thronende Hotel Paradiso ist vor allem für seine „Schauderterrasse" (*terrazza del brivido*) bekannt, eine über die Felswand herausra-

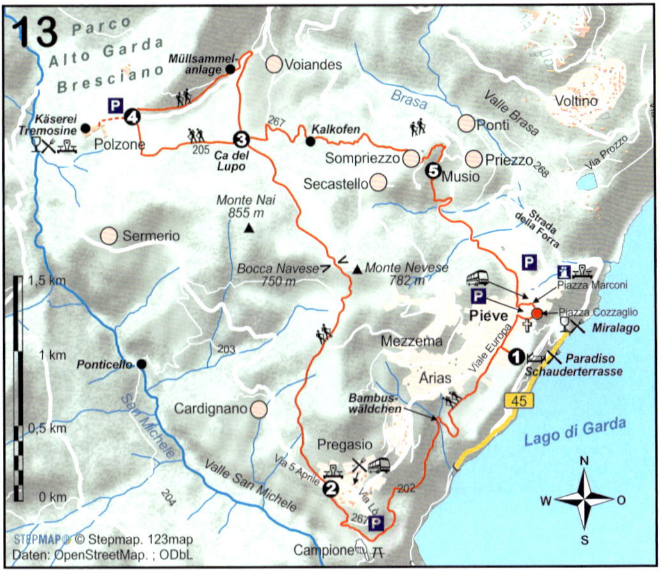

gende Betonterrasse. Vor dem Hotel lässt es sich angenehm sitzen. Die Schauderterrasse war im April 2008 Schauplatz der Pressekonferenz zu den Dreharbeiten zum James-Bond-Film „Ein Quantum Trost".

007 – zwei Minuten James Bond am Gardasee

Im Frühjahr 2008 war der Gardasee wochenlang Schauplatz einer wilden Verfolgungsjagd für den James-Bond-Film „Ein Quantum Trost". Gedreht wurde auf den Uferstraßen bzw. in den Tunneln am Gardasee bei Limone, Malcésine und Gargnano.

Eine 275-köpfige Filmcrew und acht Aston Martins zum Stückpreis von € 240.000 waren vor Ort, von denen einer unplanmäßig im Gardasee versenkt wurde: Ein Techniker verunglückte auf dem Weg zum Set und landete mit einem Wagen 50 m tief im See. Der Fahrer befreite sich in 007-Manier durch die Scheibe.

Und wofür der ganze Aufwand? Am Ende waren weniger als 2 Min. Gardasee in der Anfangssequenz zu sehen.

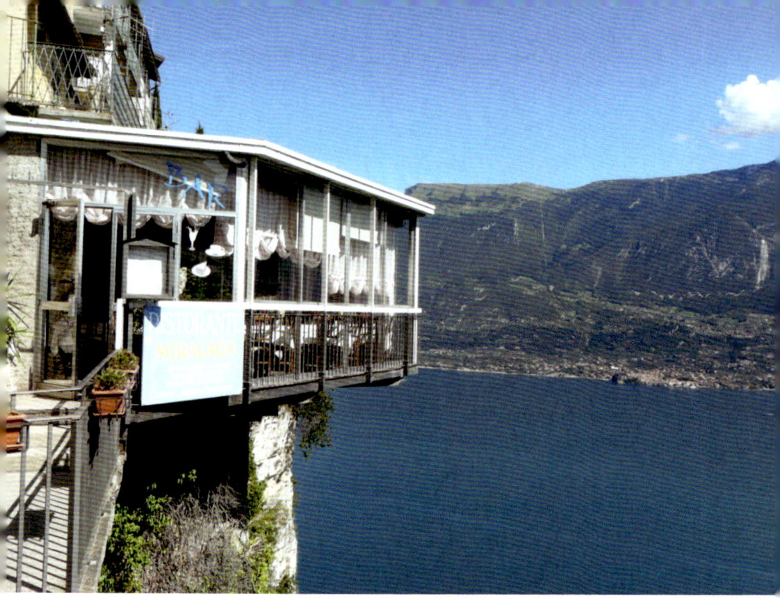

Schauderterrasse des Hotel Paradiso

Hinter dem Abzweig zur „Schauderterrasse" nehmen Sie den links von der Hauptstraße abzweigenden Fahrweg, der leicht abwärts rechts an einem Sportplatz und später an Olivenenhainen vorbeiführt (Via Vagne, 202). Nach etwa 1 km passieren Sie vor und in einer scharfen Linkskurve zur Linken eine markante Pflanzung aus Bambus.

Nach 5 Min. gehen Sie bei einer Gabelung vor einem Haus mit Zypressen rechts und nach 100 m (km 2, ⇧ 350 m) vor einem Gatter rechts – auf dem Pfad rechts neben dem Zaun (rw) aufwärts in Wald. Der Pfad macht nach 10 Min. eine Rechtskurve (202 Pregasio 0.15) und mündet 100 m später auf einen Weg ein (km 2,7, ⇧ 420 m), der scharf links nach Campione führt (☞ Tour 14). Sie gehen aber rechts (bzw. geradeaus) Richtung Pregasio. Nach 150 m verlassen Sie den Weg direkt nach einer Rechtskurve, um links den abkürzenden Pfad zu nehmen, der ansteigend direkt auf das Dorf Pregasio zuführt. Sie erreichen Pregasio nach 5 Min. am westlichen Ortsende ❷ (km 3,1, ⇧ 490 m) mit kleinem Platz und wenigen Läden.

„Tante Emma"- Laden am Ortsanfang, Mo bis Sa vormittags bis 12:30

✕ Restaurant San Marco, Via XXV Aprile 3, ☏ 03 65 91 81 72, Di Ruhetag. Bar-Restaurant mit Terrasse und schöner Aussicht

Sie folgen der Hauptstraße ein kurzes Stück nach links und gleich darauf der rechts aufwärts führenden Via Prae (267 Richtung Ca Lupo, BVG, Sentiero Montagnoli). Nach etwa 30 Min. mündet der Weg auf eine Asphaltstraße ein (⇧ 675 m), der Sie geradeaus folgen, vorbei an einigen Häusern. Nach 15 Min. und insgesamt 2 km kontinuierlichen Anstieges erreichen Sie den höchsten Punkt, Bocca Navese (km 5, ⇧ 750 m), und folgen danach dem Fahrweg abwärts, links an dem großem Stall vorbei. Nach 15 Min. geht es bei der Kreuzung Ca del Lupo ❸ (km 6,1, ⇧ 670 m) links (205 Collegamento) auf dem Fußweg zwischen Zäunen hindurch.

Abkürzung (➲ 2,5 km kürzer)

Wenn Sie auf die Käserei verzichten wollen, nehmen Sie bei der Kreuzung Ca del Lupo den rechts abwärts führenden Pfad (267) und folgen ab km 8,7 weiter der Beschreibung.

Nach 10 Min. erreichen Sie eine Straße (Via della Liberta) und folgen dieser rechts bis zu einer Kreuzung mit einem Straßenspiegel vor einem kleinen Parkplatz ❹ (km 7,1) – alternativer Startpunkt der Tour.

Zur Käserei geht es links an der Straße (➲ 2 x 200 m) entlang.

✕ Restaurant gegenüber dem Hofladen, wo man auch Kleinigkeiten bekommt.
☏ 03 65/95 30 50

Käse aus Tremosine

Die Hochebene von Tremosine war und ist für Rinderhaltung bekannt. Im Sinne dieser Tradition gibt es seit den 80er-Jahren in Polzone eine Käserei, wo die Milch der (80) Genossenschaftsmitglieder zu Käse verarbeitet wird. An die Käsefabrik ist ein Hofladen angeschlossen, wo auch andere Spezialitäten der Region verkauft werden. Milch und Joghurt können am Automaten beim Ladeneingang in Gläser abgefüllt werden. Der Verkauf an Touristen läuft so gut, dass das Sortiment inzwischen ganz allgemein italienische Spezialitäten wie Pesto oder Nudeln umfasst, die keinen besonderen Bezug zur Region haben. Insofern hat ein Besuch der Käserei mit angeschlossenem Restaurant ein wenig den Charakter einer Kaffeefahrt ...

Typisch ist „Formagella di Tremosine", eine traditionsreiche halbfette Käsesorte der Lombardei, die mindestens 40 Tage gereift ist und in kleinen Laiben zu ca. 1,5 kg verkauft wird.

www.alpedelgarda.it

Von der Käserei geht es wieder zurück zu der Kreuzung mit dem Straßenspiegel. Hier nehmen Sie den links von der Straße recht steil durch Wald aufwärts führenden Pfad, der Sie nach 70 m zu einem Weg bringt, dem Sie rechts durch Wald folgen. Kurz nach einem Wertstoffhof wird nach 15 Min. die Straße erreicht, der Sie 100 m bis zu einer rechts abzweigenden Straße folgen.

Dort geht es rechts entlang, Richtung Secastello, bis Sie nach 8 Min. wieder auf die zuvor passierte Kreuzung bei Ca del Lupo ❸ stoßen (km 8,7). Dieses Mal geht es links abwärts (267, u. a. Sompriezzo, Voiandes) und bei der nach 5 Min. folgenden Gabelung nach rechts (BVG, 267, Nordic Walking Rocchetta 3). Der Weg führt Sie nach kurzer Zeit in Wald und am Hang entlang. Nach 500 m passieren Sie vor einer Linkskurve zur Rechten einen alten Kalkofen (km 9,5, ⇧ 580 m) und halten sich direkt danach rechts. Bei einer nach 5 Min. folgenden T-Kreuzung von Wegen (km 9,9, ⇧ 565 m) gehen Sie links (Vesio 0.40), am Waldrand entlang. Rechts führt der Weg in den Ortsteil Secastello.

Der Weg verläuft am Hang und führt schließlich als Grasweg in den Ortsteil Sompriezzo (km 10,4, ⇧ 550 m). Hier orientieren Sie sich zur Kirche und gehen dort links abwärts, rechts an dem modernen Appartement vorbei. Am Ende der Straße folgen Sie links vom Anwesen Nr. 20 geradeaus dem Pfad (267 Musio). Nach 170 m laufen Sie beim Abstieg bei einer Kreuzung vor einem Zaun und oberhalb der Straße rechts abwärts und folgen dem Pfad in das Dorf Musio und dort am Anfang unter mehreren Häusern hindurch. 30 m nach diesem „Häusertunnel" gehen Sie bei einer Abzweigung geradeaus bzw. rechts leicht aufwärts und erreichen die Ortsmitte des kleinen Weilers **Musio** ❺ mit einer Gabelung vor dem 1729 erbauten Kirchlein und einem Brunnen auf der linken Seite (km 11, ⇧ 495 m). Hier nehmen Sie links den Fußweg (Via Cavesagne) – nach wenigen Metern beim Ortsende rechts an Haus Nr. 5 vorbei –, der kurz darauf rechts an einem Zaun entlang und kurz durch Wald führt. Nach 5 Min. folgen Sie dem Pfad im Wald durch die Linkskurve und abwärts auf die Straße zu, die Sie nach einer scharfen Rechtskurve erreichen (km 11,4, ⇧ 440 m).

Sie folgen ihr 5 Min. nach rechts, um nach knapp 500 m, nach einer Linkskurve, den ersten rechts abzweigenden Weg zu nehmen (Via Sabionera), der Sie geradewegs nach Pieve bringt, das Sie nach 5 Min. am oberen Ortsende erreichen. Hier folgen Sie der Hauptstraße links abwärts, rechts vorbei am alten und sanierten Waschhaus (mit Infotafeln). 100 m darauf erreichen Sie den Hauptplatz von Pieve mit Touristinfo und Rathaus sowie weiter rechts Läden und Einkehrgelegenheiten.

14 Panoramarundwanderung zur Wallfahrtskirche Madonna di Monte Castello

Tour für Landschaftsgenießer

Auf dieser Rundwanderung erwarten Sie einige der schönsten und spektakulärsten Aussichtspunkte an der westlichen Gardaseeküste. Zunächst geht es abwärts in die tief eingeschnittene Schlucht des Wildbaches San Michele. Auf dem Schwemmkegel unterhalb ist Campione erkennbar. Nach steilem Anstieg wandern Sie über den bewaldeten Kamm des Monte Cas zur Wallfahrtskirche Madonna di Monte Castello – mit weitem Blick auf den südlichen Gardasee. Auf dem Kreuzweg geht es hinunter und schließlich durch Prabione und die dschungelartig bewachsene Schlucht des San Michele zum Zielort Pregasio. Als Rundwanderung kann die Tour natürlich an jedem anderen Punkt begonnen/beendet werden. Der Auf-/Abstieg in die Schlucht des San Michele sowie die Passage am Cas erfordern eine gewisse Portion Trittsicherheit und Schwindelfreiheit.

Start/Ziel: in Pregasio am westlichen Ortsanfang, GPS N 45°45.644‘ E 010°44.567‘; alternativ bei anderen markanten Punkten der Runde, etwa der Wallfahrtskirche Madonna di Monte Castello (km 5,8) oder in Prabione (km 7,4)

12,3 km, Verlängerung um 6 km über Campione möglich

4 Std., mit Verlängerung über Campione 5 Std. 30 Min.

875 m/875 m, davon etwa die Hälfte am Stück (bei der Querung der San-Michele-Schlucht oberhalb von Campione)

175-775 m

Wegweiser und rot-weiße Markierungen (267, 266, 204)

Rastplätze/Sitzbänke bei Madonna di Monte Castello (km 5,8)

Bar bei Madonna di Monte Castello (km 5,8), in Prabione (km 7,5) und am Start/Ziel; bei Verlängerung Bar/Restaurant in Campione

WC öffentliche Toilette in der Wallfahrtskirche Madonna di Monte Castello (km 5,8)

kleine Lebensmittelläden am Start/Ziel

interessant für Kinder: abwechslungsreich durch viele Aussichtspunkte, Brücken, Schlucht – aber auch recht viel An-/Abstieg

für Buggys wegen vieler Stufen und vieler Auf-/Abstiege ungeeignet

Teilweise felsiger Untergrund, Hunde müssen großteils an der Leine geführt werden.

P Parkplätze in Pregasio, Prabione und an der Wallfahrtskirche Madonna di Monte Castello (frei). In Pregasio liegt der Parkplatz etwas unterhalb vom Zentrum am Ende der Via Lo (GPS N 45°45.541‘ E 010°44.773‘), in Prabione am südlichen Ortsanfang auf der Piazza Anita Garibaldi (GPS N 45°45.070‘ E 010°43.873‘) oder 200 m östlich vom Ort am Schwimmbad bzw. Museum (GPS N 45°45.201‘ E 010°44.096‘).

Linienbus von Tremosine und Limone (Linie LN012, bis zu 7x täglich, aber fast ausschließlich an Schultagen), www.arriva.it → Travel with us → Search your lines → SIA → Area Garda e Valle Sabbia → LN012

Die Tour beginnt in Pregasio am westlichen Ortsausgang mit dem Dorfladen:

Plusmarket, Mo bis Sa vormittags 7:30 bis 12:30 und 15:30 bis 19:30, So 7:30 bis 12:30

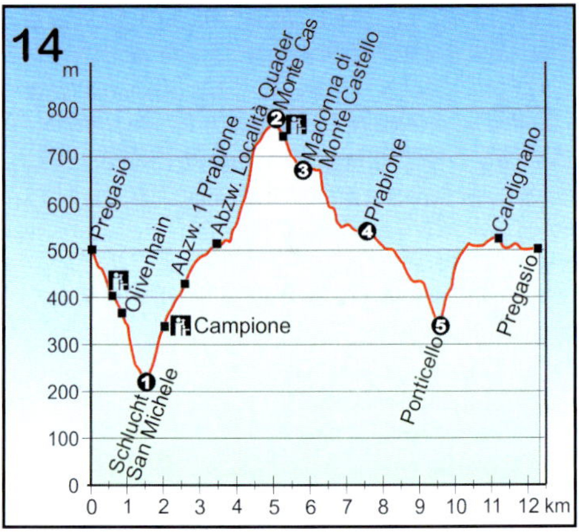

Gegenüber von dem Laden geht es (Richtung Süden) rechts abwärts, nach 50 m über eine Treppe hinunter und auf einem Pfad weiter.

Wenn Sie vom P Parkplatz unterhalb vom Ort kommen, folgen Sie dem Betonweg (267) abwärts.

Nach 300 m gehen Sie durch eine Linkskurve. 100 m nach der scharfen Linkskurve nehmen Sie bei Ló nicht den links abzweigenden Weg (202 Richtung Pieve), sondern folgen dem Weg geradeaus (267 Campione 1.00). Nach 80 m verlassen Sie die nach rechts abwärts führende Betonstraße und gehen geradeaus auf dem Schotterweg (267 Campione) durch einen Olivenhain abwärts. Am Ende des Hains (km 0,9) macht der Pfad einen leichten Linksknick und führt als schmaler Pfad in abenteuerlichen Kurven an der Felswand entlang abwärts in das Valle San Michele – spektakulär und teilweise leicht ausgesetzt mit schönen Aussichtspunkten mit Blick hinunter nach Campione

Campione – von der Baumwollfabrik zum Jachtzentrum?

Campione liegt auf einem Schwemmkegel des Wildbaches S. Michele unterhalb der steilen Felsen des Monte Cas und war bis 1930 nur auf dem Seeweg erreichbar. Von 1896 bis 1981 gab es hier eine Baumwollspinnerei, betrieben durch ein Wasserkraftwerk, die bis zu 600 Personen Arbeit bot.

Danach nutzten Hardcore-Surfer die starken Winde an diesem schmalen Flaschenhals des Gardasees und nächtigten in Wohnmobilen entlang der Küste.

Seit 2006 wird hier ein Urlaubszentrum für Wassersport gebaut. Die ursprüngliche Idee, eine Seilbahn hoch nach Tremosine und dort oben einen Golfplatz zu bauen, scheint in weite Ferne gerückt ...

Ein weiterer nicht unwesentlicher Nachteil: Nachmittags versinkt die Sonne hinter der steil aufragenden Felswand und Campione liegt im Schatten – keine attraktive Perspektive für eine hochpreisige Urlaubslandschaft.

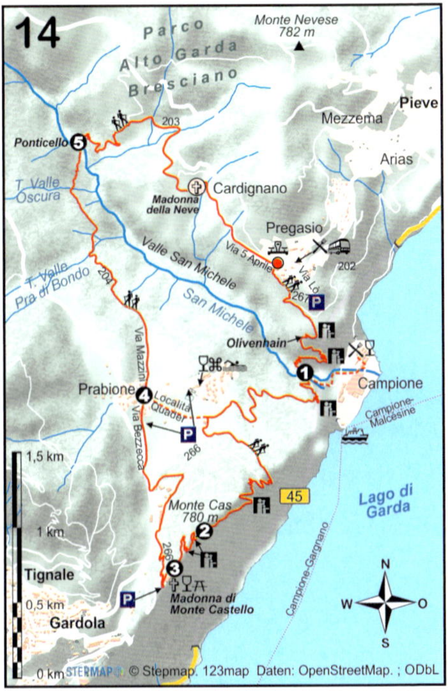

Etwa 1 Std. nach Pregasio wird der tiefste Punkt dieser Tour erreicht ❶ (km 1,8, ⇧ 230 m): Über eine schmale Brücke geht es über den weit unten in einer schmalen Felskluft dahinströmenden San Michele. Der Weg führt nach 10 m auf der anderen Seite rechts aufwärts (266 Tignale-Prabione-Gardola).

Halten Sie sich in der Schlucht wegen Steinschlaggefahr nicht zu lange auf!

Abstecher nach Campione (➲ 2 x 700 m, 160 Hm.)

Wenn Sie sich Campione nicht nur von oben ansehen möchten, folgen Sie links Weg 267 zunächst über den Steg, dann durch den Tunnel und schließlich abwärts.

Nicht Schwindelfreie können von Glück reden, dass der erste Teil gut gesichert zwischen beidseitig hohen Maschendrahtzäunen entlangführt, ehe es für einige Minuten durch einen schwach beleuchteten, rund 100 m langen Tunnel geht, wo sich alle bücken müssen, die größer als etwa 1,70 m sind. Danach geht es – vorbei an einem Wasserfall – großteils auf einem Stufenweg hinab nach Campione. Der Rückweg ist derselbe.

mehrere Bars/Cafés sowie ein kleiner Laden in der Ortsmitte am Hauptplatz (Piazza Arrighini)

Campione

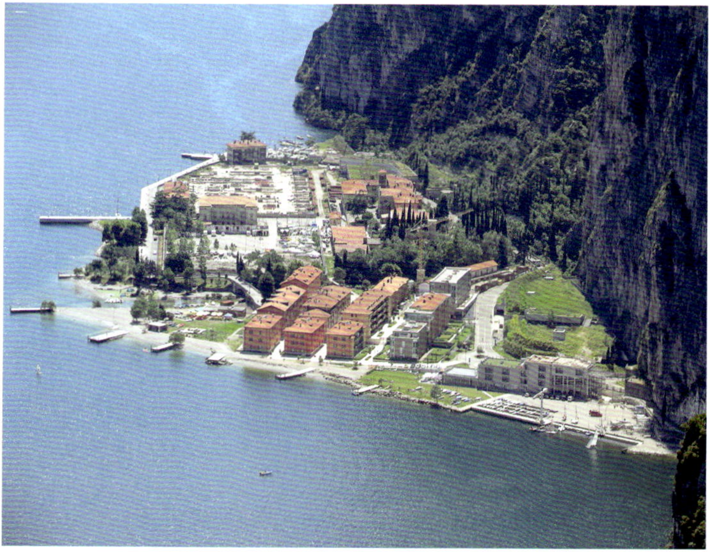

Nach 30 Min. Aufstieg (km 2,7, ⇧ 425 m) ignorieren Sie den nach rechts abzweigenden Weg (204) Richtung Ponticello-Tremosine (das wäre höchstens eine Option für eine radikale Abkürzung, allerdings ohne den Höhepunkt Madonna di Monte Castello) und folgen dem Weg geradeaus (266). Einige Minuten (400 m) nach der Abzweigung erreichen Sie am Ortsrand von Prabione nacheinander weitere Abzweigungen. Sie halten sich immer links (Weg 266 Richtung Tignale), um in einem großen Linksbogen an Prabione vorbeizugehen. Bei der Abzweigung mit einer Infotafel (km 3,3, ⇧ 510 m) gehen Sie auch nach links (256 Monte Cas 0.55). Der Weg umrundet ein kleines Tal zur Linken mit Teich und kleinem Hochseilgarten.

↳ Abkürzung nach Prabione ohne Madonna di Monte Castello (➲ 3,7 km kürzer und 220 Hm. weniger)

Die zweite Abzweigung nach rechts (km 3,3), bei einer Infotafel, führt als Abkürzung auf Weg 267 über die Straße Località Quader nach Prabione. Nach knapp 500 m ist die Ortsmitte erreicht, wo es rechts weitergeht (204 Richtung Ponticello).

Bei der dritten (rechten) Abzweigung (km 3,4), Pfad 266 Richtung Tignale, folgen Sie dem Weg durch die Linkskurve (266 Monte Cas), um nach 80 m den zweiten rechts abbiegenden Pfad zu nehmen (266 Monte Cas 0.55). Nach knapp 5 Min. nehmen Sie bei einer Gabelung (km 3,8, ⇧ 520 m) den rechts aufwärts führenden Weg (nach 10 m Markierung „2366“) der in Serpentinen über den großteils bewaldeten Nordhang des Monte Cas teilweise recht steil aufwärts führt.

Ab der Höhe von 600 m – 30 m nach einem Geröllhang – (km 4,2) werden mehrere rechts abzweigende Pfade (der zweite Richtung Prabione) ignoriert. Immer aufwärts und im Zweifelsfall links halten, lautet die Devise, Richtung Monte Cas/Madonna di Monte Castello (266).

Blick auf Madonna di Monte Castello und den südlichen Gardasee

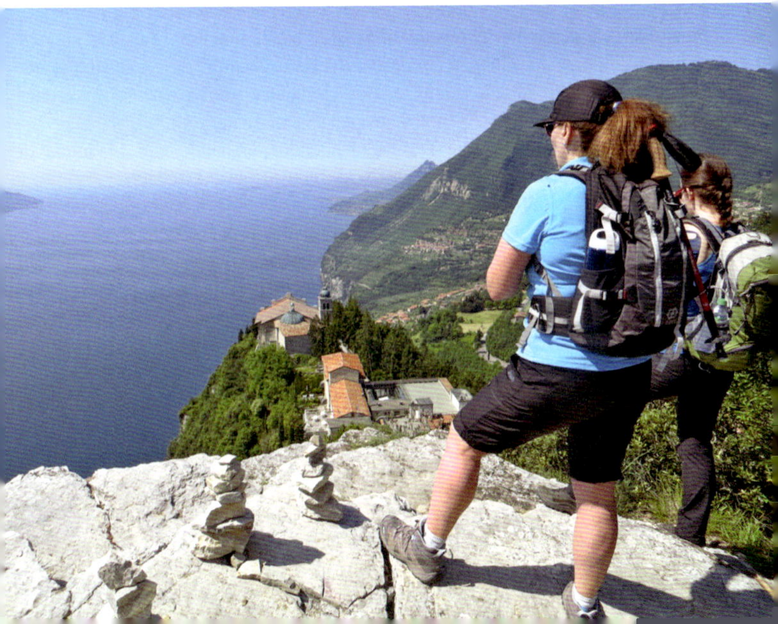

Toller Aussichtspunkt mit Blick auf Tremosine und den nördlichen Gardasee in einer Rechtskurve 70 m nach dem zweiten nach rechts abzweigenden Pfad (km 4,6, ⇧ 735 m).

Nach der Rechtskurve führt der Weg etwas links unterhalb vom bewaldeten Kamm des Monte Cas Richtung Süden. Es bieten sich schöne Ausblicke auf den See. Aushöhlungen in der Felswand zur Rechten sind Relikte aus dem Ersten Weltkrieg, als dieser Weg zu militärischen Zwecken angelegt wurde. Der ganze Monte Cas mit seinem weiten Blick gen Süden war eine große Festungsanlage und ist heute noch mit Höhlen und Gängen durchlöchert wie ein Schweizer Käse. Tafeln am Weg informieren über einige Wehranlagen.

Nach 5 genussvollen Minuten auf dem fast eben verlaufenden Weg links vom Kamm führt rechts ein Pfad auf den höchsten Punkt des Kammes, den **Monte Cas** ❷, der nach 50 m erreicht wird und von einem Bunker und einem Kreuz darauf gekrönt ist (km 5,1, ⇧ 780 m). Der Name „Monte Cas" ist – man kann es sich denken – eine Kurzform von „Monte Castello". Die Aussicht ist fast gleich null, weil Bäume die Sicht versperren.

Dann lieber auf dem hinter dem Bunker südwärts auf dem Kamm hinabführenden Pfad zurück zum Wanderweg, der bei einem der schönsten Aussichtspunkte am Gardasee erreicht wird (km 5,2). Er bietet eine weite Aussicht auf den sich zum Süden hin weitenden Gardasee. Bei klarer Sicht ist die Südküste mit der Halbinsel von Sirmione zu erkennen. Bei exzellenter Sicht können etwas weiter links hinten Ausläufer des Apennins ausgemacht werden.

Die majestätisch auf dem Felshang ruhenden Gebäude von Madonna di Monte Castello sind dagegen auch bei schlechter Sicht zu erkennen.

Weiter geht es auf dem Weg 267 abwärts. Nach 100 m, nach einer scharfen Linkskurve, lädt links ein Tunnel zu einer Besichtigung ein: Man kann durch den kurzen Tunnel gehen (ca. 30 m) und auf der anderen Seite steil oberhalb vom Gardasee auf schmalem Pfad rechts wieder zum Weg zurückkehren.

Wer nicht schwindelfrei ist, bleibt lieber auf dem Wanderweg, der im Folgenden in Serpentinen abwärts führt und dabei einen weiteren netten Aussichtspunkt passiert.

Nach 5 Min. taucht die wenig ansehnliche Rückseite der Wallfahrtskirche auf: ein eher funktioneller älterer Betonbau mit Tiefgarage (km 5,8, ⇧ 680 m). Das soll ein *Eremo*, also eine „Einsiedelei", sein? Der Wallfahrtskirche ist seit 1950 ein „Haus der Spiritualität" angegliedert, das Möglichkeiten zur (inneren) Einkehr und spirituelle Übungen anbietet. Das 43 Gästezimmer und 58 Betten zählende Gebäude wurde in den 90er-Jahren restauriert.

Sie wandern durch die Garage und folgen dem Weg bis zur repräsentativeren Vorderseite der Wallfahrtskirche Madonna di Monte Castello ❸ mit Parkplatz, Bar und Toilette.

✞ Die Wallfahrtskirche **Madonna di Monte Castello** geht auf einen Bau aus dem 13. Jh. zurück. Das jetzige Kirchengebäude stammt aus dem 17. Jh. und wurde 2007 renoviert. Sehenswert in der Kirche sind u. a. die Grottenkapelle hinter dem Hochaltar, die Orgel von 1644, der goldene Altar und die Fresken.

WC öffentliche Toilette unter dem Plateau am Eingang zur Kirche

🍷 Bar am Eingang in den Innenhof, mit schöner Terrasse und tollem Blick, ☎ 03 65/730 19, Ostern bis Ende Okt täglich 10:00 bis 18:00

Wallfahrtskirche Madonna di Monte Castello

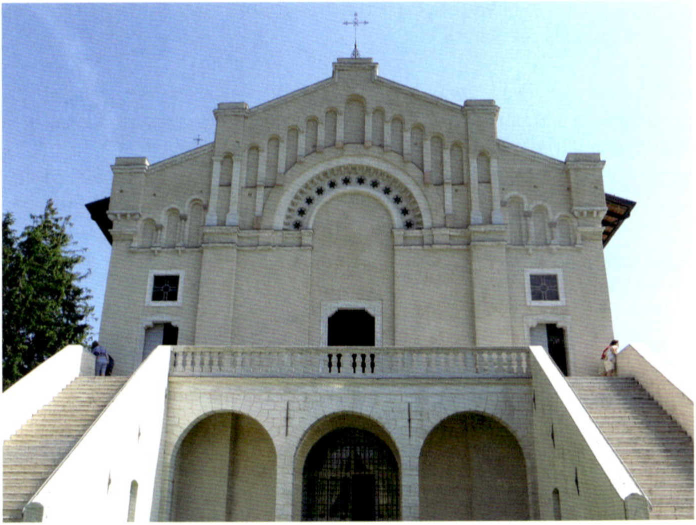

Von der Wallfahrtskirche geht es zunächst auf der Fahrstraße abwärts, die gleichzeitig Teil des Kreuzweges ist, der von Tignale hinaufführt. Die oberste (14.) Station des Kreuzweges markiert übrigens der zuvor passierte Gipfel des Monte Cas. Schon 70 m nach dem Parkplatz vor der Kirche, 20 m nach der ersten scharfen Linkskurve, verlassen Sie die Straße scharf rechts auf dem durch Wald abwärts führenden Pfad 266 Richtung Prabione. Nach 5 Min. berührt der

Weg kurz die Hauptstraße, verlässt sie aber gleich darauf wieder, um mit einer 600 m langen Kurve ein 150 m langes Straßenstück zu umgehen. Sie folgen Weg 266 und halten sich links – oder nehmen stattdessen direkt die Straße geradeaus. Wenn Weg 266 wieder die Straße erreicht hat, folgen Sie dieser 70 m, um dann rechts die in das Dorf **Prabione** abzweigende Straße zu nehmen (Via Bezzecca). Nachdem Sie rechts einen Parkplatz (Alternative für Tourbeginn) und den Ortseingang passiert haben, erreichen Sie 5 Min. nach der Abzweigung von der Straße bei einem kleinen Platz mit Straßenschild die Dorfmitte ❹ (km 7,5, ⇧ 500 m).

🍷 Bar Liliana, Via Bezzecca, ☏ 03 65 76 02 97, ◨ täglich durchgehend

⌘ Centro Visitatori Parco Alto Garda Bresciano, ☏ 03 65 76 64 27 33 54, ◨ März bis Dez Sa bis Do 10:00 bis 17:00, Eintritt € 5. Das Infozentrum des Naturparks Parco Alto Garda Bresciano (rechte Abzweigung) beleuchtet Natur und Entstehung der Landschaft sowie die Besiedlung durch Menschen und liegt 200 m östlich vom Zentrum neben dem Freibad.

Sie gehen geradeaus zum Platz (Pia. Garibaldi), nehmen dort geradeaus die Gasse, links am Straßenspiegel und der Holzbank vorbei zwischen Steinmauern (Via Mazzini, 204), und halten sich nach 250 m am Ortsende etwas links. Nach knapp 300 m geht es bei einer Gabelung rechts abwärts. Der Weg wird bald steiler und steiniger und führt abwärts in das Tal des tief unten fließenden San Michele mit seiner zunehmend dichten Vegetation, die kurz vor der Bachquerung schon beinahe dschungelartigen Charakter hat. Etwa 45 Min. nach Prabione geht es bei Ponticello auf einer ungesicherten, aber ausreichend breiten Brücke über den San Michele ❺ (km 9,6, ⇧ 330 m).

Auf der östlichen Talseite muss die alte Höhe wieder erreicht werden, dazu geht es 150 Höhenmeter teilweise recht steil aufwärts. Gut 30 Min. nach Ponticello (km 10,3, ⇧ 460 m) erreichen Sie eine T-Kreuzung, gehen kurz rechts und nach 10 m links auf dem Schotterweg aufwärts. Nach weiteren 30 Min. erreichen Sie vor dem Weiler Cadignano eine Gabelung (km 11,3, ⇧ 500 m) mit einem in Ihre Richtung weisenden Schild: „Sent. 203 Ponticello ore 0.40". Sie gehen geradeaus durch das Dorf und unter einem Haus hindurch (203). Nach einigen Minuten passieren Sie in Cadignano zur Linken die um 1770 erbaute Kapelle Madonna della Neve und das alte Waschhaus. Von Cadignano geht es geradeaus auf der Straße zum Startort Pregasio (km 12,3). Zu der folgenden Einkehrgelegenheit gelangen Sie, wenn Sie am (westlichen) Ortsanfang der Dorfstraße noch etwa 100 m weiter in den Ort folgen:

✕ Bar-Restaurant San Marco, Via XXV Aprile 3, ☏ 03 65 91 81 72, ◨ Di Ruhetag. Terrasse und schöne Aussicht

Malcésine & Monte Baldo

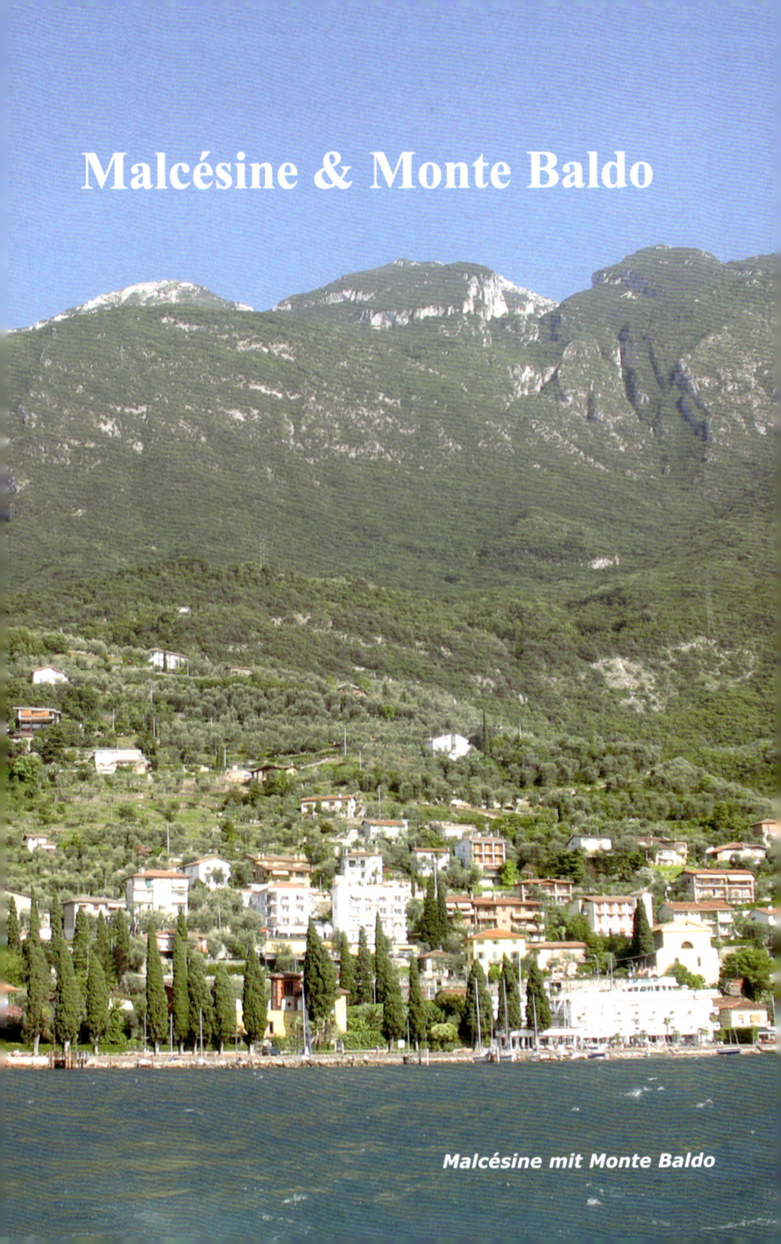

Malcésine mit Monte Baldo

Das unterhalb vom Bergmassiv des Monte Baldo gelegene Malcésine ist eines der touristischen Zentren am Gardasee. Dank der guten Erreichbarkeit des Monte Baldo mit der Seilbahn von Malcésine sind hier an guten Tagen nicht nur Tausende Tagestouristen, sondern auch viele Outdoorfreunde unterwegs, die den Bergrücken zum Wandern, Mountainbiken oder Gleitschirmfliegen aufsuchen. Eine Tour (16) führt auf den Monte Baldo, die andere (17) zur Malga Fiaba, einem einsamen Plätzchen oberhalb von Malcésine.

Malcésine

Das mittelalterliche Malcésine mit seinen verwinkelten Gassen ist ein kleiner Flecken mit 3.600 Einwohnern, der schon seit der Etruskerzeit besiedelt ist. Wahrzeichen von Malcésine ist die alte Scaligerburg, die auf eine Festung aus dem 8. Jh. zurückgeht.

Touristinfo I.A.T., ☏ 04 57 40 00 44, Mo, Di, Do und Sa 9: 00 bis 18:00, Mi und Fr 9:00 bis 13:00 und 14:00 bis 18:00, So 9:00 bis 15:00. Büros am Busbahnhof (Via Gardesana 238) und nahe dem Hafen in der Via Capitanaro 8, einem Renaissancebau mit Innenhof.

Blick auf Malcésine und die Burg

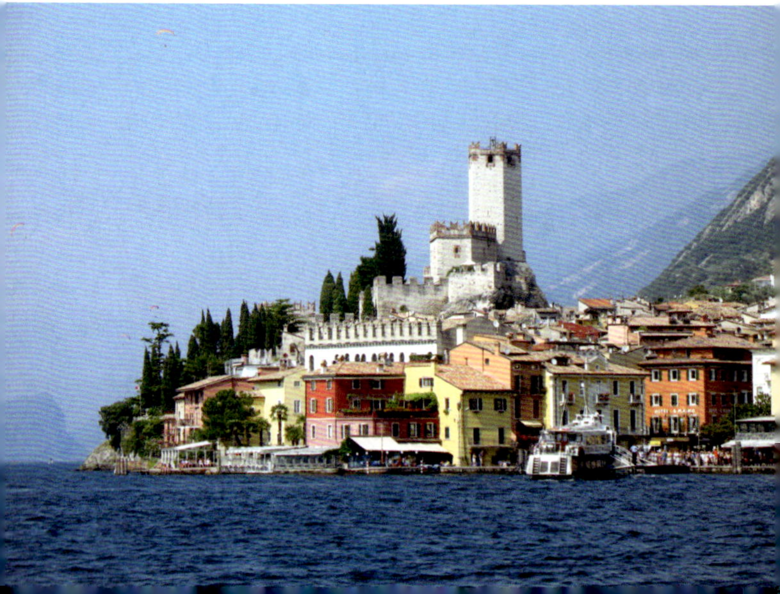

🍷🍴 An Einkehrgelegenheiten besteht kein Mangel. Gutes Eis in ausgefallenen Sorten gibt es bei „La Dolce Vita" vor der Scaliger-Burg oder in der ausgezeichneten Gelateria „Pinocchio" an der Piazza Cavour.

♜⌘ In der Scaligerburg informiert ein sehenswertes Museum über die Naturgeschichte und Besiedlung der Gardasee-Region. Außerdem hat man von den Türmen der Burg einen schönen Blick auf die Dächer Malcésines. Sehenswert ist auch der Goethe gewidmete Saal mit Zeichnungen des Dichterfürsten und Informationen über seinen Aufenthalt in Malcésine. 🚪 täglich 9:00 bis 19:30, Eintritt € 6

Goethe als Spion in österreichischen Diensten?

Der deutsche Dichterfürst hatte seinerzeit (14.9.1786) ein denkwürdiges Erlebnis: Er wäre in Malcésine beinahe verhaftet worden. Nachzulesen ist diese amüsante Episode in Goethes „Italienischer Reise".

Goethe wurde beim Zeichnen der Burg von den Aufpassern angesprochen, denn man hielt ihn für einen Spion in Diensten des österreichischen Kaisers, der „gewiß gegen die Republik Venedig noch manches Böse im Schilde führe". Die Burg galt zu dieser Zeit als militärische Anlage, welche damals so wenig gezeichnet wie heute fotografiert werden durften. Schließlich machte Goethe den Aufpasser und die Umstehenden auf „den Verfall dieser Türme ... kurz auf die Wehrlosigkeit" der Burg aufmerksam. Er habe hier „nichts als eine Ruine ... zu zeichnen gedacht."

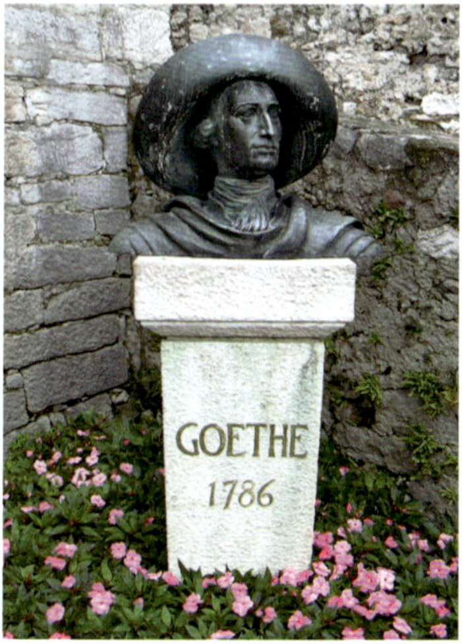

Mit Überredungskunst, und dank der Sympathie der Umstehenden, wendete sich das Blatt schließlich zu Goethes Gunsten und man ließ ihn laufen statt ihn festzunehmen: „Wir wollen ihn (Goethe) freundlich entlassen, damit er bei seinen Landsleuten Gutes von uns rede und sie aufmuntere, Malcésine zu besuchen". Wohl wahr, das hat Goethe gemacht und der Stadt Tausende von (deutschen) Besuchern am Tag beschert.

15 Panoramawanderung auf dem Kamm des Monte Baldo

Tour für Landschaftsgenießer

Die Kammwanderung am Monte Baldo ist eine der aussichtsreichsten Touren am Gardasee. Die Wanderung beginnt an der Bergstation der Monte-Baldo-Seilbahn und führt südwärts auf den Kamm, der von mehreren Gipfeln gekrönt wird. In manchen Wanderbüchern und -foren wird der legendäre Abstieg hinunter zur Mittelstation beschrieben, der durchaus möglich ist (als Variante beschrieben), wovon die Autoren aber abraten. Warum soll man seinen Knien insgesamt fast 2.000 Höhenmeter abwärts zumuten, noch dazu über Geröll, wenn ein so aussichtsreicher Kamm zum Wandern einlädt? Und die Höhenmeter summieren sich auf dem Kamm, der keineswegs eben ist, ohnehin …

Start/Ziel: Monte Baldo, Bergstation der Seilbahn, GPS N 45°46.155‘ E 010°51.877‘. Optionales Ziel ist die Mittelstation, GPS N 45°46.131‘ E 010°49.906‘.

11,5 km hin und zurück zur Cima Valdritta, einfache Tour zur Mittelstation 15 km

5 Std. 30 Min. hin und zurück zur Cima Valdritta, einfache Tour zur Mittelstation 7 Std. 30 Min.

740 m/740 m, verteilt auf mehrere An-/Abstiege

1.635-2.155 m (2.218 m bei Aufstieg auf die Cima Valdritta)

Wegweiser, rot-weiße Markierung

kein Rastplatz am Weg

Bar und Selbstbedienungsrestaurant Cime del Baldo an der Bergstation der Seilbahn

großer Supermarkt direkt neben der Bushaltestelle, etwa 300 m von der Talstation der Seilbahn entfernt

wegen der guten Aussicht vom Kamm und der Seilbahnauffahrt interessant für Kinder

für Buggys wegen des Wegbelags (Schotter, felsig) nur im ersten Teilstück machbar bzw. rund um die Bergstation

Mit Hunden ist die Tour im ersten Teilstück machbar, allerdings besteht in der Seilbahn Maulkorbpflicht. Und pro Gondel ist nur ein Vierbeiner erlaubt.

Seilbahn auf den Monte Baldo ab Malcésine, Fahrzeiten und Tarife ☞ unten

P (gebührenpflichtiger) Parkplatz an der Talstation der Seilbahn (GPS N 45°45.972‘ E 010°48.797‘)

Es gibt stündliche Linienbusverbindungen Richtung Norden (Torbole, Riva) und Süden (über Torri del Benaco und Garda nach Verona). Der Busbahnhof liegt an der

Hauptstraße, 300 m von der Talstation entfernt. www.atv.verona.it → Linee ed orari → Extraurbano → M → Malcesine

Viele Schiffsverbindungen von/nach Torbole, Riva, Limone und aus dem Süden; der Schiffsanleger (Hafen) ist 15 Gehminuten von der Talstation der Seilbahn entfernt.

Monte Baldo – der „Garten Europas"

Der Monte Baldo ist kein Gipfel bzw. einzelner Berg, sondern der ganze Bergrücken auf der östlichen Seite des Gardasees, der auf einer Länge von 30 km von mehreren Gipfel gekrönt wird, dessen höchster die 2.218 m hoch aufragende Cima Valdritta ist. Das Bergmassiv besteht vor allem aus Kalkstein, unterbrochen von Basaltlava im Osten, fossilreichen Schichten und verschiedenen Sorten Marmor. Durch seine Höhe bietet der Monte Baldo ein breites Spektrum an Mikroklimaten: vom alpinen Bereich bis zum mediterranen Bereich am Gardasee, der seit meteorologischen Aufzeichnungen (ab 1701) gerade ein Mal zugefroren war.

Botaniker schätzen den Monte Baldo wegen seiner Flora, daher auch der Beiname „Garten Europas". Während der Eiszeiten blieben die höheren Bereiche des Monte Baldo eisfrei. Dort konnten einige Pflanzenarten die Eiszeit überstehen und sich isoliert genetisch weiterentwickeln, wodurch endemische, also nur hier vorkommende Arten wie *Anemone baldensis* oder die *Segge Carex baldensis* entstanden – immer zu erkennen an dem lateinischem Beinamen baldensis.

Monte Baldo

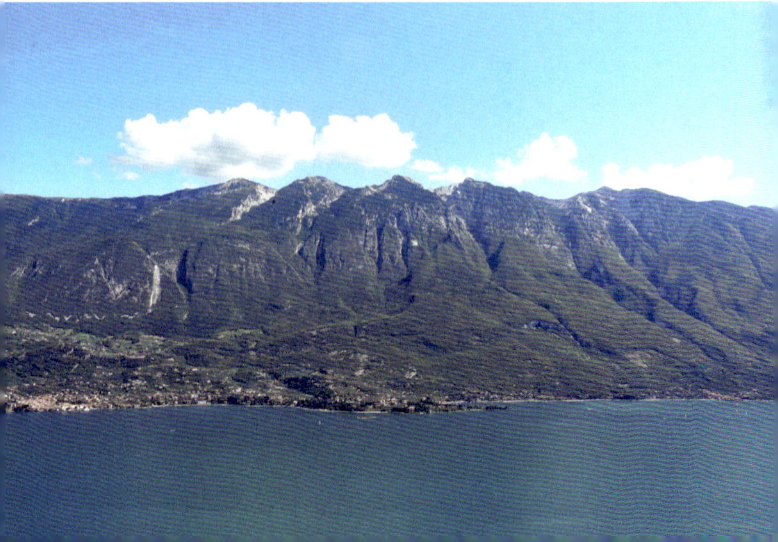

Seilbahn auf den Monte Baldo ab Malcésine. Bei der Mittelstation muss man umsteigen, ab dort geht es in einer neuen Kabine weiter, die sich während der Fahrt um die eigene Achse dreht (Kategorie: Erfindungen, auf die die Welt gewartet hat ...). Ende März bis Mitte November täglich 9:00 bis 18:00, letzte Talfahrt je nach Jahreszeit gegen 18:45, Berg- und Talfahrt € 22, einfache Fahrt € 15, Kind etwa 30 % Reduzierung, Hund € 5 pro Fahrt (Stand 2017), www.funiviedelbaldo.it

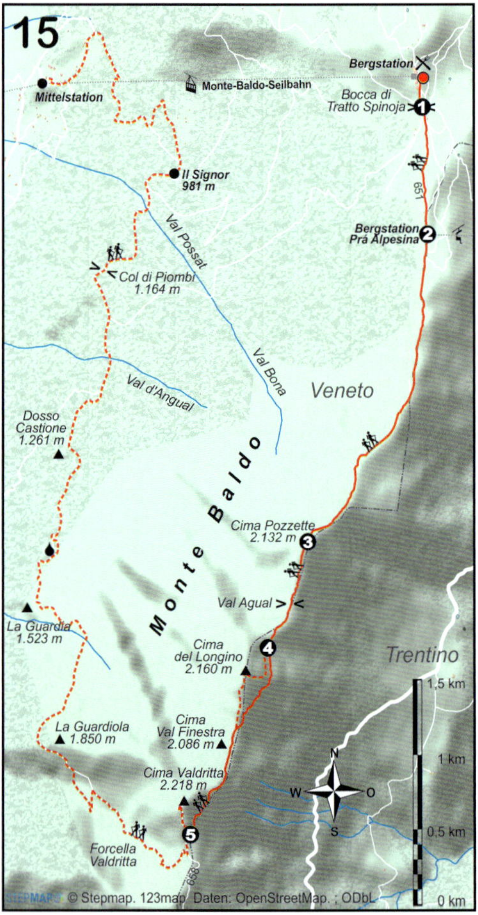

Die Bergstation der Seilbahn von Malcésine ist Startpunkt vieler Outdoor-Aktivitäten: Mountainbiker und Gleitschirmflieger orientieren sich in der Regel nach links, während Ihre Wanderung nach rechts – südwärts – startet. Im Winter sind hier Skifahrer anzutreffen, die das aussichtsreiche, aber überschaubare Skigebiet nutzen (2 Lifte aus dem Tal und 4 Skilifte oben am Kamm).

Bar und Selbstbedienungsrestaurant Cime del Baldo, ☏ 04 56 58 42 83, www.cimedelbaldo.it

Von der Bergstation folgen Sie rechts dem Weg 651 zunächst abwärts (200 m), links vorbei an der Hütte und hinab in den Sattel Bocca di Tratto Spino ❶. Weiter geht es bergan über einen Weg mit Gras und Fels auf den Kamm, wobei verschiedene Varianten möglich sind: entweder in kleinem Bogen links oder geradeaus direkt ansteigend auf Pfad 651, der zunehmend felsiger wird. Nach gut 30 Min. passieren Sie zur Linken die Bergstation des Sesselliftes Prá Alpesina ❷ (⇧ 1.830 m).

Sesselift Prà Alpesina – Monte Baldo, Mitte Juni bis Mitte Sept täglich 9:00 bis 13:00 und 14:00 bis 18:00, einfache Fahrt € 5, hin und zurück € 7 (Stand 2013)

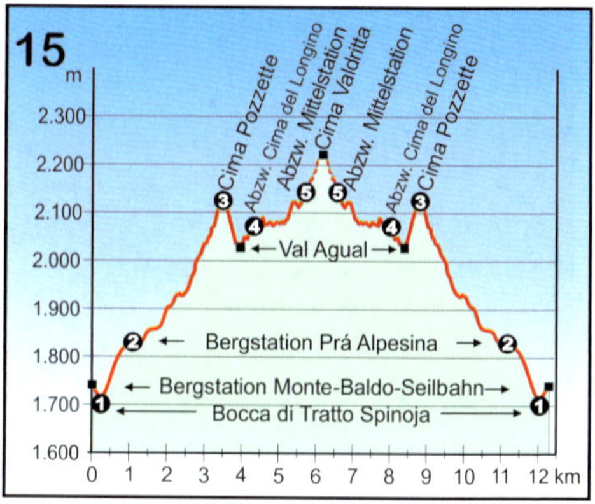

Kurz darauf beginnt der eigentliche Kammweg, der immer wieder von kleinen Scharten durchbrochen ist, an denen sich unten Geröll häuft.

Nach 1,5 Std. erreichen Sie den ersten größeren Gipfel: Cima Pozzette ❸ (km 3,5, ⇧ 2.132 m).

Der Weg führt kurz darauf etwas abwärts, vorbei an Krüppelkiefern und über Stufen im Fels, ehe nach 15 Min. der Sattel vom Val Agual erreicht wird (km 4, ⇧ 2.020 m), gleichzeitig der tiefste Punkt auf der Strecke zur Cima del Longino.

Nach dem folgenden Anstieg warten einige etwas anspruchsvollere Teilstücke mit Klettereinlagen auf Sie, wo manchmal die Hände hilfreich sind. Weiter geht es östlich (links) an der Cima del Longino vorbei.

Nach 300 m ist rechts ein Abstecher auf die Cima del Longino möglich ❹ (km 4,3, ⇧ 2.030 m). Der Pfad führt in etwa 15-20 Min. auf den Gipfel (⇧ 2.160 m) und von dort südwärts über den Kamm, wo der reguläre Weg 10 Min. nach dem Gipfel wieder erreicht wird.

Bald geht es auf einem gerölligen Weg über den Osthang der Cima Valdritta, bis Sie 1 Std. 30 Min. nach der Cima delle Pozzette rechts den Abzweig zur Cima Valdritta erreichen ❺ (km 5,5, ⇧ 2.100 m).

Scharf rechts ist ein Abstecher auf die Cima Valdritta möglich (➲ 2 x 400 m, ⧗ 30 Min., 100 Höhenmeter), zurück zur Scharte geht es auf demselben Weg.

Unterwegs werden kleine Höhlen passiert, die im Ersten Weltkrieg als Beobachtungsposten dienten. Vom höchsten Gipfel des Monte-Baldo-Massivs bietet sich ein schöner Ausblick (⇧ 2.218 m).

Blick vom Kamm

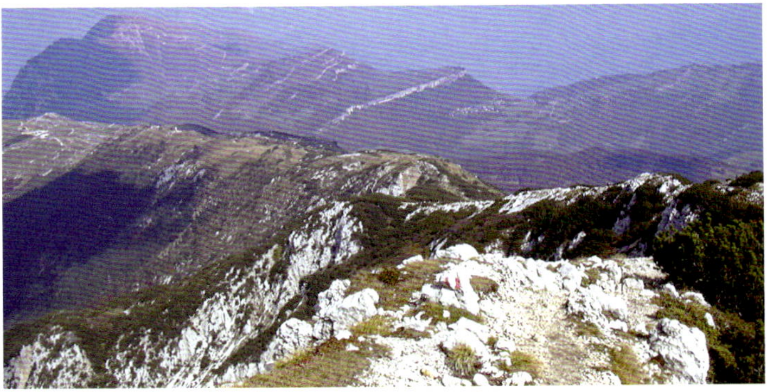

Wenn Sie den Weg zur Bergstation der Seilbahn zurückgehen, sollten Sie von der Cima Valdritta nicht viel später als 14:00 starten, da der Rückweg ab hier mindestens 2 Std. 30 Min. dauert, die letzte Seilbahn offiziell um etwa 17:00 talwärts fährt und bei gutem Wetter längere Wartezeiten bei der Talfahrt die Regel sind.

Abstieg hinunter zur Mittelstation

(➲ 9,7 km, ⌛ 4 Std. 30 Min.)

Auf der Höhe der Abzweigung zur Cima Valdritta geht es 100 m geradeaus zur Forcella Valdritta (⇧ 2.107 m) und dort rechts abwärts auf dem Weg in scharfen Kurven in das eiszeitlich gebildete Kar.

Nach knapp 30 Min. halten Sie sich rechts und passieren La Guardiola (⇧ 1.850 m). Sie steigen erst weiter leicht an und wandern kurz darauf durch niedrigen Kiefernwald. Nach einiger Zeit geht es am Felsen La Guardia (1.523 m) und einem Brunnen (⇧ 1.324 m) vorbei. Hinter Doss Castione halten Sie sich bei der linken Einmündung von Weg 7 rechts und wandern bei der Gabelung geradeaus. Ab Col di Piombi (⇧ 1.164 m) folgen Sie dem Forstweg und erreichen nach 15 Min. bei einem Kreuz und einem Forsthaus eine Gabelung (Il Signor, ⇧ 981 m). Hier gehen Sie links durch Wald zur Seilbahn-Mittelstation (⇧ 563 m). Letzte Talfahrten von dort je nach Jahreszeit zwischen 16:50 und 18:50.

16 Rundwanderung zur Almwiese Malga Fiabio

Tour für Landschaftsgenießer

Diese Rundwanderung führt auf eine verlassene Almwiese am Westhang des Monte Baldo oberhalb von Malcésine. Aufwärts wandern Sie durch Olivenhaine und Steineichenwald. Die Almwiese mit dem verfallenen Almgebäude bietet einen schönen Blick auf die gegenüberliegende Seite des Gardasees mit Campione und die Hochebene von Tremosine. Zurück nach Malcésine geht es auf dem Zufahrtsweg zur Alm.

Start/Ziel: Malcésine, Busbahnhof neben der Kirche,
GPS N 45°45.816‘ E 010°48.594‘

8,6 km

3 Std. 30 Min.

640 m/640 m, verteilt auf mehrere An-/Abstiege

90-725 m

Wegweiser, rot-weiße Markierung

kein Rastplatz am Weg

keine Einkehrmöglichkeit am Weg

großer Supermarkt (Spar) direkt neben der Bushaltestelle am Beginn – ideal für Proviantkauf

für Kinder wegen des An-/Abstiegs und weniger kindgerechter Höhepunkte eher ungeeignet

für Buggys wegen der Steigung nicht machbar

Mit Hunden machbar, wenn sie keine Probleme mit längerem/steilem Abstieg auf Beton haben.

gebührenpflichtige Parkplätze (ca. € 1,60 pro Stunde), z. B.
100 m hinter dem Busbahnhof (GPS N 45°45.776‘ E 010°48.664‘) oder
an der Talstation der Seilbahn (GPS N 45°45.972‘ E 010°48.797‘)

stündliche Linienbusverbindungen Richtung Norden (Torbole, Riva) und Süden (über Torri del Benaco und Garda nach Verona), www.atv.verona.it → Linee ed orari → Extraurbano → M → Malcesine

viele Schiffsverbindungen von/nach Torbole, Riva, Limone und aus dem Süden

Vom Busbahnhof folgen Sie der Hauptstraße südwärts, rechts vorbei am (Spar-)Supermarkt. Die seezugewandte Seite der Straße hat einen Bürgersteig.

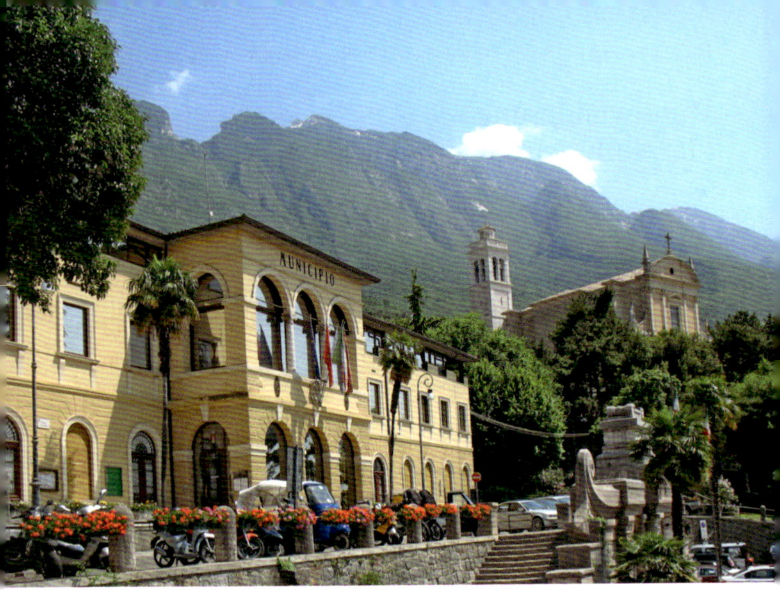

Rathaus von Malcésine

150 m nach dem Busbahnhof folgen Sie links der gemächlich ansteigenden Via Panoramica, leider ohne Bürgersteig. Nach 10 Min., 50 m vor einer Linkskurve der Via Panoramica, nehmen Sie den links aufwärts führenden Fußweg, der nach 50 m wieder auf die Straße führt. Sie folgen ihr einige Meter geradeaus, um dann rechts den Fußweg und nach 40 m rechts den gepflasterten Weg (659) zu nehmen, der an Olivenhainen (hinter Mauern) vorbei und später durch Mischwald bergan führt.

Zwischendurch gibt es ein paar steile Anstiege im Wald, die bei Nässe rutschig sein können. Die Belohnung sind einige schöne Aussichtspunkte mit Blick auf die Westküste des Gardasees.

1 Std. nach dem Verlassen von Malcésine erreichen Sie 10 Min. nach einem netten Aussichtspunkt und vor einer Felswand im Wald eine T-Kreuzung ❶ mit einem alten gepflasterten Weg, dem Sie links aufwärts folgen (km 3, ⇧ 470 m), gleichmäßig bergauf durch Wald und in Serpentinen.

Nach etwa 30 Min. kontinuierlichem Anstieg lichtet sich der Wald und Sie erreichen den unteren Rand der Malga Fiabio. Kurz nach dem Ende der Mauern halten Sie sich etwas links und gehen auf einem kaum sichtbaren Trittpfad durch Gras auf das verfallene Almgebäude zu ❷, von dem sich ein schöner Blick auf das Westufer des Gardasees bietet – der am besten geeignete Rastplatz der Tour (km 4, ⇧ 720 m).

Zurück geht es auf dem Zufahrtsweg zur Alm (1), der leider die nächsten 30 Min. über Betonplatten abwärts führt – kein besonders knieschonender Abstieg, aber es gibt keine Alternative nach Malcésine, außer dem Hinweg. Der Zufahrtsweg führt links an dem sichtbaren braunen Strommasten vorbei und in teilweise steilen Serpentinen abwärts durch den Wald, der sich nach etwa 25 Min. lichtet und Häusern Platz macht.

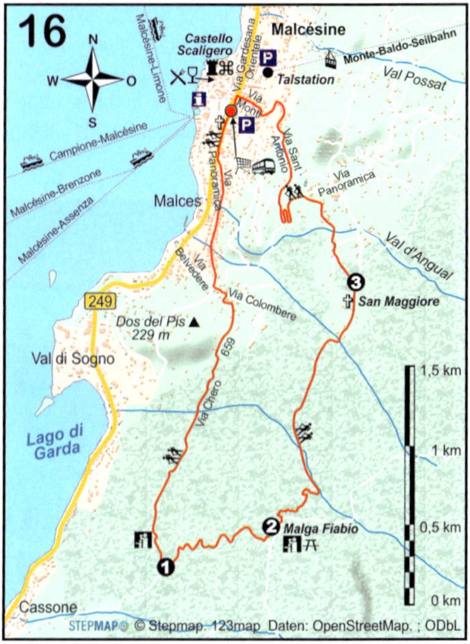

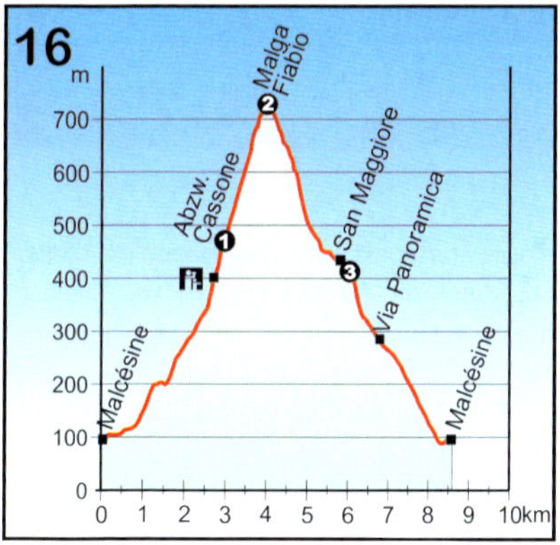

Nach 45 Min., etwa 50 m nach einer Kapelle auf der linken Seite, überschatten Bäume die freie Fläche (km 5,9, ⇧ 420 m). Nach weiteren 10 m zweigt links – an einem alten Trog aus Beton – ein kleiner Pfad ab ❸ (rot-weiß), dem Sie folgen. Bei der kurz danach folgenden Gabelung halten Sie sich rechts. Weiter geht es auf dem erst mit Natursteinen gepflasterten und später asphaltierten Weg gemächlich abwärts zur schon bekannten Via Panoramica (km 6,7, ⇧ 290 m), der Sie links abwärts folgen.

Nach 500 m, genau an der dritten Linkskurve (Schild „loc. S. Antonio"), nehmen Sie die rechts abzweigende kleinere Straße, die zwischen Mauern abwärts führt. Sie folgen ihr geradeaus und ignorieren Abzweigungen. Nach 10 Min. geht es bei einer Kreuzung links in die Einbahnstraße (Via Monti). Etwa 100 m weiter nehmen Sie an einer Gabelung den rechten Weg, der direkt zur Hauptstraße hinabführt.

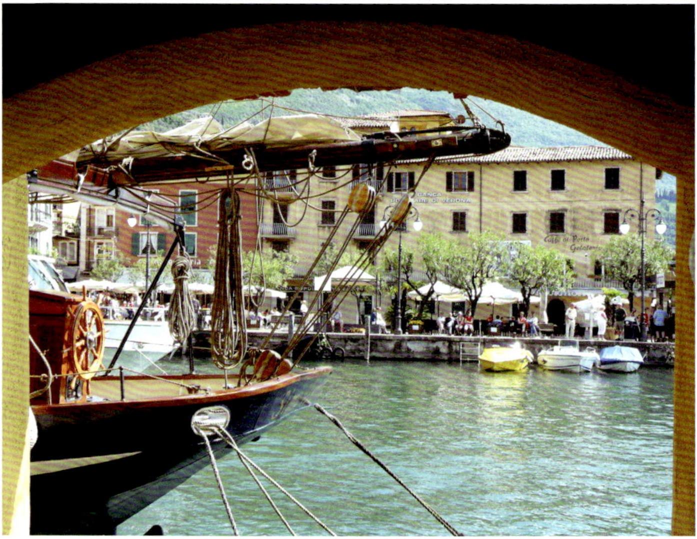

Der Hafen von Malcésine

Dort geht es links nach 100 m zum Startpunkt, der Bushaltestelle. Vorher empfiehlt sich allerdings ein Rundgang durch die Altstadt mit den verwinkelten Gässchen, Plätzen und der Burg, die Sie am einfachsten erreichen, wenn Sie die Hauptstraße queren und geradeaus der Via Caselunghe direkt in die Altstadt folgen. Mit der Einsamkeit der Almwiese ist es hier allerdings vorbei ...

Der Süden des Gardasees

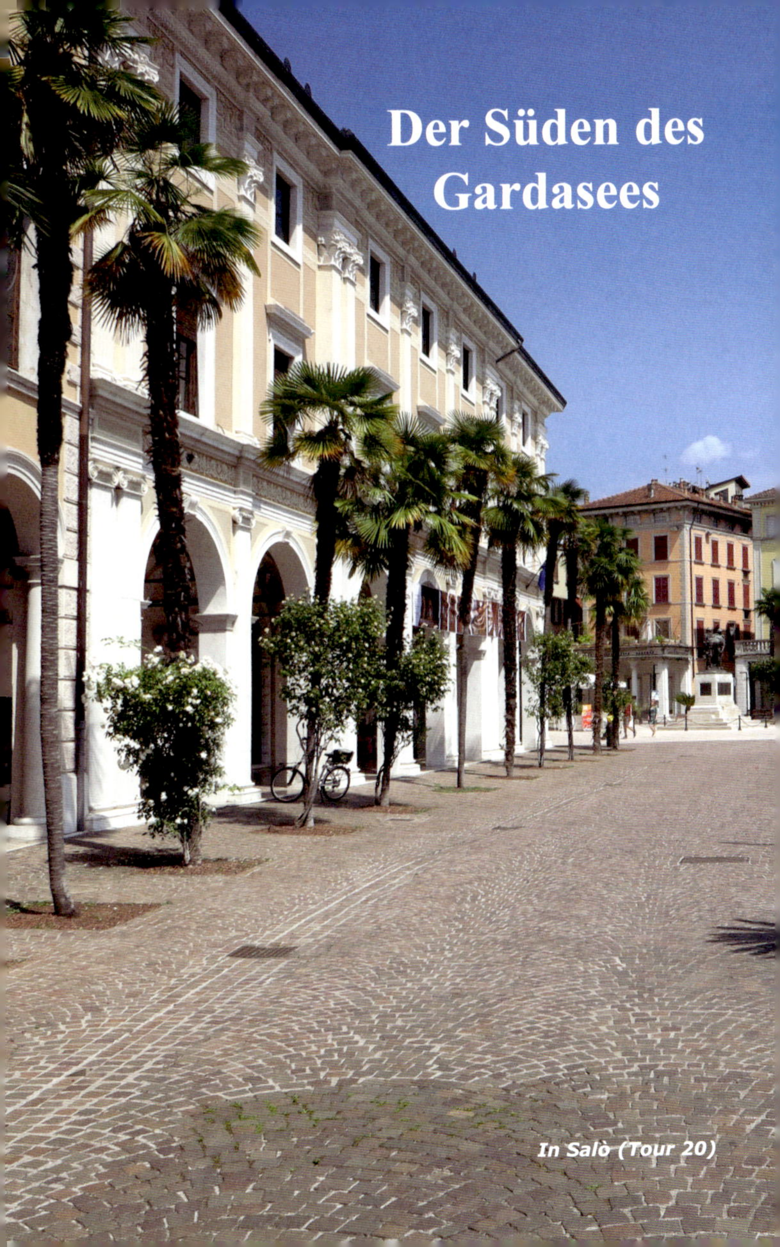

In Salò (Tour 20)

Im Süden flacht das Ufer des Gardasees deutlich ab. Im Grenzbereich zwischen dem flachen, mediterran geprägten Süden und dem teilweise eher alpin anmutenden Norden laden Gebiete zu Wanderungen ein, die sowohl Bergfreunden entgegenkommen, als auch ein südländisches Flair vermitteln. Der Südosten des Gardasees mit Garda und Bardolino ist dagegen ein touristisches Zentrum, wo Wanderer zur absoluten Minderheit der Besucher zählen. Aber lohnende Wanderziele bietet auch diese Region: etwa vorgeschichtliche Felszeichnungen oder die Burgruine bei La Rocca oberhalb von Garda.

Limonaie/Zitruspflanzungen am Gardasee

Im 13. Jh. begannen Franziskanermönche aus Gargnano am Gardasee mit dem Anbau von aus Ligurien eingeführten Zitrusfruchtbäumen. Ende des 18. Jh. entwickelte Graf Carlo Bettoni-Cazzago die Limonaie, mit denen sich der Gardasee als nördlichstes Anbaugebiet für Zitronen etablierte. Die Zitronengewächshäuser waren nach Südosten ausgerichtete und oft terrassenartig an den Hang gebaute Mauerwerke, deren Abdeckungen aus Holz oder Glas gegen die im Winter einsetzenden Fröste Schutz bieten sollten. Für Wärme sorgten die dicken, wärmespeichernden Wände sowie teilweise Holzfeuer. Mehrere Hundert Zitrusbaumpflanzungen am Gardasee sollen jährlich – je nach Quelle – bis zu 6 oder 18 Mio. Früchte pro Jahr produziert haben.

Der Gardasee lag strategisch günstig für den Absatzmarkt – die Höfe des Adels in Nord- und Mitteleuropa. Ab dem 19. Jh. ging es allerdings bergab, u. a. wegen der kostengünstiger produzierenden Konkurrenz aus Süditalien, der Produktion von synthetischer Zitronensäure und einer Krankheit (Gummose), von der viele Bäume befallen waren. Im Ersten Weltkrieg dienten die Limonaie als Barackenlager für italienische Soldaten. Die letzten verbliebenen Zitrusbäume erfroren im harten Winter 1928/29, da das italienische Militär das Abdeckholz der meisten Limonaien im Krieg als Baumaterial beschlagnahmt hatte.

Seit dem Ende des 20. Jh. wurden einige Limonaie rekonstruiert, u. a. in Torri del Benaco und Limone (☞ S. 56).

17 Panoramarundwanderung von Gargnano zur Einsiedelei San Valentino

Tour für Kulturinteressierte und Landschaftsgenießer

Oberhalb von Gargnano liegt einsam über Felswänden eine Einsiedelei, die im 17. Jh. von Pestflüchtlingen gegründet wurde und heute ein lohnendes Ziel für Wanderer darstellt. Die Tour ist als Rundwanderung ab Garganano beschrieben, sie kann aber auch in den weiter oben liegenden Orten Musaga oder Sasso begonnen werden.

- Start/Ziel: Gargnano, Ortsmitte am Hafen, GPS N 45°41.290' E 010°39.805'; optional ab Musaga oder Sasso (400 Höhenmeter weniger)
- 7,7 km, ab Musaga oder Sasso etwa 4 km
- 3 Std., ab Musaga oder Sasso etwa 2 Std.
- 650 m/650 m. An-/Abstieg großteils am Stück, aber nicht allzu steil
- 65-675 m
- gelegentlich Wegweiser und rot-weiße Markierungen, 37, 30
- kein Rastplatz am Weg
- Brunnen in Sasso (km 2,8) und beim Eremo San Valentino (km 4,1)
- Einkehrgelegenheiten am Start/Ziel
- urige Bäckerei und kleiner Laden in Gargnano an der Dorfstraße (nahe dem Hafen)
- interessant für Kinder: viele gut gesicherte Aussichtspunkte und Festungen
- für Buggys wegen vieler Stufen und des schmalen Pfads beim Abstieg kaum machbar
- Hunde können fast durchgehend frei laufen. Eher ungeeignet ist allerdings die Variante über den Klettersteig unterhalb von San Valentino.
- P (gebührenpflichtiges) Parkhaus am Rande von Gargnano (GPS N 45°41.186' E 010°39.610'), 5 Gehminuten auf der Uferpromenade vom Start-/Zielpunkt entfernt (€ 1,30 pro Stunde)
- Gargnano ist Knotenpunkt von Busverbindungen, u. a. nach Limone im Norden, nach Desenzano im Süden (Linie 027, selten), nach Saló und Brescia (S202, halbstündlich) sowie nach Tignale und Muslone (11, selten). Die Bushaltestelle befindet sich über dem Parkhaus. www.arriva.it → Travel with us → Search your lines → SIA → Area Garda e Valle Sabbia
- Viele Schiffsverbindungen Richtung Norden und Süden. Der Schiffsanleger ist im Zentrum, wenige Meter vom Startpunkt entfernt.

Mit dem Rücken zum Hafen geht es zunächst in die Via Roma, die Hauptgeschäftsstraße von Gargnano, und nach 20 m rechts in die erste Querstraße (Via Marconi). Bei der Gabelung nach 30 m halten Sie sich links (Via Convento) und folgen nach wenigen Metern den Stufen aufwärts zur Hauptstraße, die gequert wird.

Auf der anderen Straßenseite geht es geradeaus aufwärts, durch eine scharfe Rechtskurve und dann gemächlich aufwärts. Abzweigungen werden ignoriert. Nach 5 Min., nach einer Linkskurve, halten Sie sich bei einer Gabelung links (km 0,4, ⇧ 130 m) und folgen der kleinen Straße zwischen Mauern aufwärts – Sie gehen jetzt übrigens dieselbe Route hinauf, die Sie vielleicht schon bei Tour 18 abwärts gegangen sind.

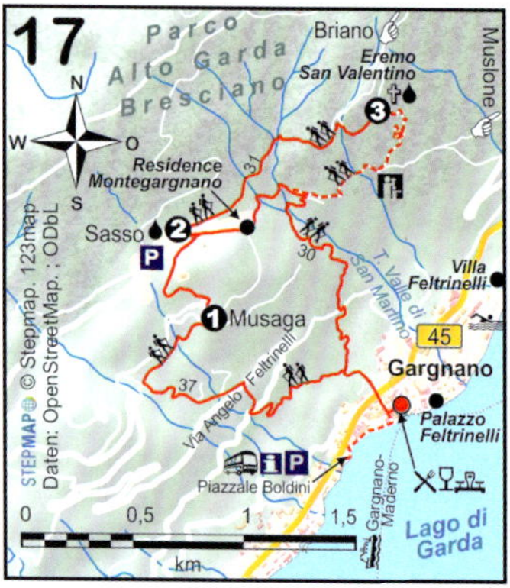

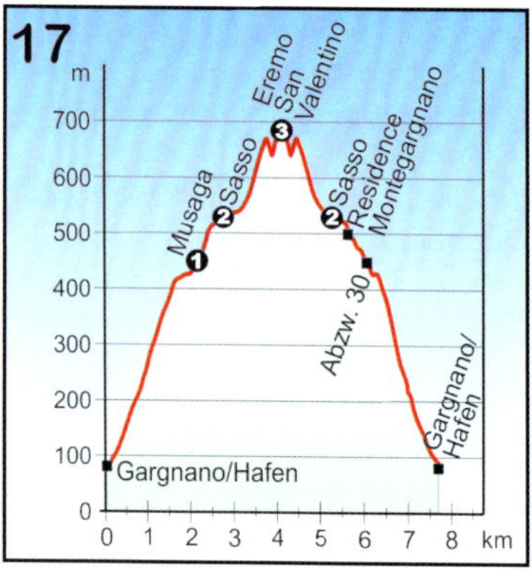

Nach 15 Min. queren Sie kurz nacheinander zweimal die aufwärts führende Straße (Via Feltrinelli) und gehen jeweils auf der anderen Straßenseite weiter auf dem Fußweg (37) bergauf. 15 Min. nach der zweiten Straßenquerung erreichen Sie erneut eine Straße (km 1,6, ⇧ 405 m), der Sie rechts folgen, auf das bereits sichtbare Dorf (Musaga) zu. Auf der Straße geht es in einer Linkskurve durch den Ort **Musaga** ❶. Hier (km 2,2, ⇧ 450 m) nehmen Sie rechts den aufwärts nach Sasso führenden Weg. Nach 10 Min. erreichen Sie Sasso (km 2,6, ⇧ 520 m), wo Sie sich zunächst leicht rechts halten, bevor Sie nach 120 m links abbiegen und bis zum Waschplatz mit Brunnen ❷ laufen.

Hier halten Sie sich erneut etwas rechts und folgen dem Weg leicht aufwärts (31, Briano), zunächst an bebauten Terrassen vorbei und später durch Wald sowie durch einige Seitentäler mit Bächen. Bei Gabelungen halten Sie sich stets rechts und erreichen so 45 Min. nach Sasso den zypressenbestandenen Vorplatz der Einsiedelei San Valentino ❸ (km 4,1, ⇧ 710 m).

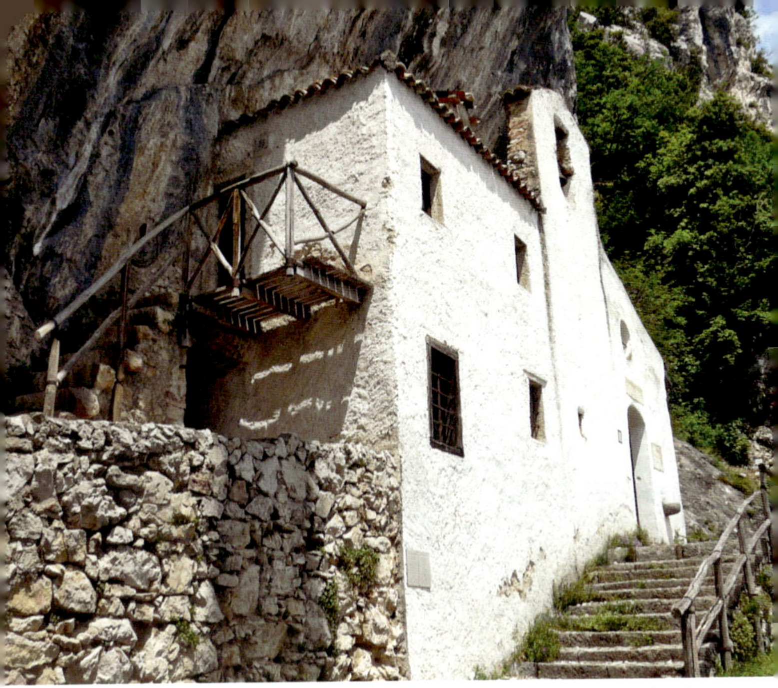

Eremo San Valentino

✞ Die Einsiedelei **San Valentino** wurde 1638 in überhängende Felsen gebaut. Der Überlieferung nach geht der Bau auf Überlebende einer Pestepidemie zurück, die vor der 1630 in Gargnano wütenden Epidemie geflüchtet waren und aus Dankbarkeit für ihr Überleben hier eine Kirche stifteten. Die Einsiedelei besteht aus der Kapelle, einem kleinen Zimmer, einer Feuerstelle und einer Zisterne. Im 19. Jh. erweiterte der hier lebende Einsiedler Geremia Paladini das Eremo.

unregelmäßige Öffnungszeiten

Wasserbrunnen bei den Felsen neben der Einsiedelei

Die Route führt von der Einsiedelei auf demselben Weg zurück nach Sasso. Eine schwierigere Variante ist möglich, erfordert aber Schwindelfreiheit und Trittsicherheit.

Auf dem Klettersteig hinunter (➲ 1,2 km statt 2 km)

Wenn Sie trittsicher und schwindelfrei sind, empfiehlt sich der mit Drahtseilen und Tritten gesicherte Abstieg über die Felswand mit tollen Ausblicken.

Von der Einsiedelei folgen Sie dem Pfad weiter nordwestwärts, kurzzeitig leicht aufwärts, dann durch eine Rechtskurve und über die in den 90er-Jahren angelegte „Via Ferrata" abwärts.

Der mit Drahtseilen gesicherte Pfad mündet nach etwa 20 Min. vor einem Strommasten mit schöner Aussicht in den links von Muslone kommenden Weg. Diesem folgen Sie rechts; nach kurzer Zeit bietet sich ein schöner Blick abwärts nach Gargnano. Nach 500 m nehmen Sie links hinab den nach Gargnano führenden Pfad (30) durch das urwaldartige Valle di San Martino.

Auf der regulären Route in Sasso ❷ angekommen (km 5,3, ⇧ 540 m), halten Sie sich bei dem Waschplatz mit dem Brunnen links und kurz darauf noch einmal links, es geht abwärts. Nach 5 Min. passieren Sie zur Linken die Residence Montegargnano. Sie laufen weiter abwärts und queren nach kurzer Zeit zwei Seitentäler mit Bächern, die Sie weiter oben schon einmal gequert haben. Etwa 15 Min. nach Sasso (km 6, ⇧ 440 m) geht es rechts abwärts auf Pfad 30, der in Kurven teilweise recht steil durch die urwaldartige Landschaft des Valle di San Martino bergab führt. Nach 1 km endet Weg 30 nach einigen Stufen an einer kleinen Straße, der Sie wenige Meter nach links folgen, um dann rechts auf dem Fußweg weiter abwärts zu gehen – direkt auf Gargnano zu.

Hafen von Gargnano

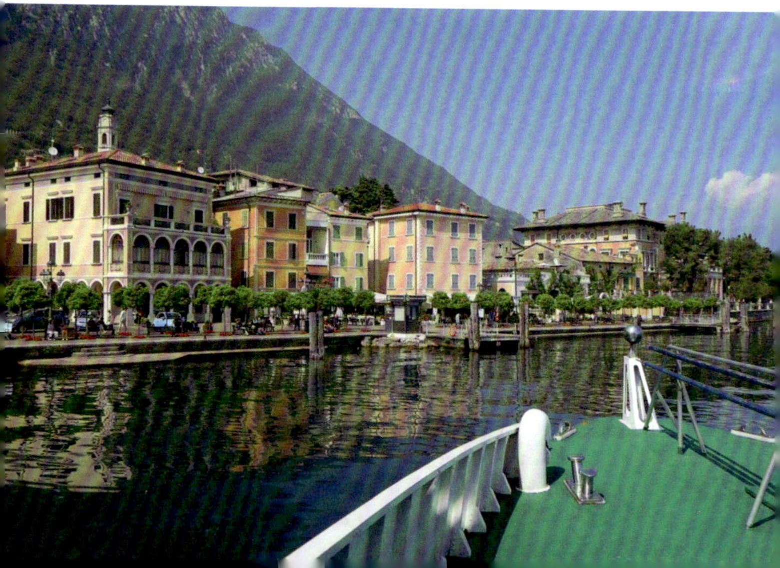

⑱ Panoramarundwanderung in die Toscolanoschlucht

Tour für kulturell und historisch Interessierte

Diese leichte Rundwanderung beginnt im Doppelort Maderno-Toscolano, der auf einem Schwemmkegel an der Mündung des Flusses Toscolano liegt. Diesem Fluss folgen Sie ins Hinterland, vorbei an zahlreichen aufgegebenen Papiermühlen. Infotafeln und ein Museum beleuchten die Geschichte der Papierherstellung in dem Tal. Nach einem kurzen Zwischenanstieg geht es in das Dorf Gaino und von dort abwärts zurück nach Maderno-Toscolano.

Start/Ziel: Maderno-Toscolano, Schiffsanleger von Maderno, GPS N 45°38.046' E 010°35.963'

9,6 km

3 Std.

300 m/300 m. An-/Abstieg nicht übermäßig steil, aber überwiegend am Stück

65-285 m

gelegentlich Wegweiser, rot-weiße Markierungen (rw), 19, Fernwanderweg BVG (Bassa Via del Garda)

Rastplätze mit Sitzbänken/Tischen am Wendehammer (km 3) und am Wendepunkt unterhalb der Chiesa Luseti (km 3,9), Bank in Folino (km 5,3)

Einkehrgelegenheiten am Anfang/Ende der Tour

Bars am Anfang/Ende, Bars am Anfang des Toscolanotals (km 1,6) und in Gaino (km 5), Gelateria-Bar in Pulciano (km 6,5)

großer Supermarkt (Sisa) an der Hauptstraße in Maderno (km 0,5)

Bademöglichkeit am Ende bei der Uferpromenade

Für Kinder sind die Ruinen der Papiermühlen im Valle delle Cartiere interessant.

Für Buggys ist die Tour bedingt machbar, einzige „Schikane" ist der kurze, aber nicht allzu steile An-/Abstieg.

Teilweise felsiger Untergrund, Hunde müssen großteils an der Leine geführt werden.

Parkplatz beim Supermarkt in Maderno (GPS N 45°38.170' E 010°36.270') oder am Beginn der Toscolanoklamm bei km 2,5 (GPS N 45°38.837' E 010°36.300')

Die Bushaltestellen Maderno und Toscolano bieten Verbindungen gen Norden (Gargnano, Limone) und Süden (Desenzano) mit Linie LN027 (eher selten) sowie nach Brescia (Linie 202m, halbstündlich). www.arriva.it → Travel with us → Search your lines → SIA → Area Garda e Valle Sabbia

Es gibt viele Schiffsverbindungen Richtung Norden und Süden. Der Schiffsanleger liegt 200 m vom Zentrum entfernt und bildet den Startpunkt der Wanderung. 150 m südlich vom Schiffsanleger liegt der Fähranleger mit mindestens stündlichen Fährverbindungen auf die andere (östliche) Seite des Gardasees, nach Torri del Benaco.

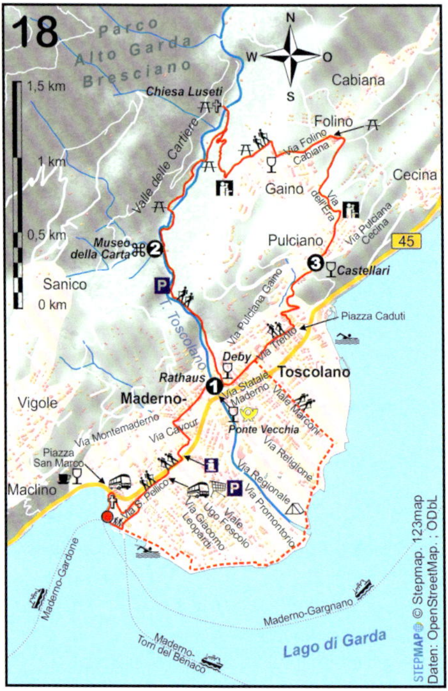

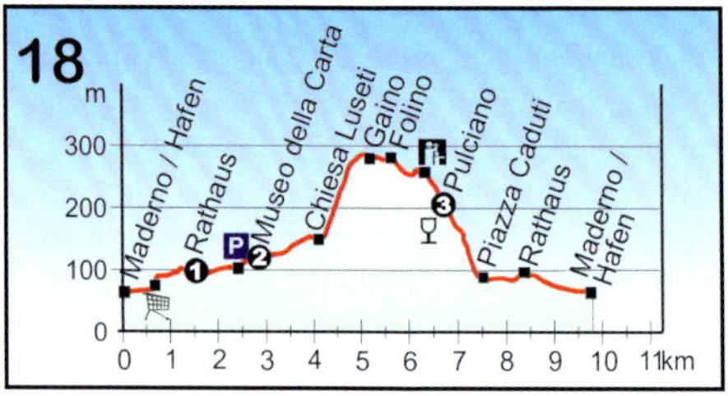

Die Rundtour beginnt am Hafen des Doppelortes Maderno-Toscolano. Vom Schiffsanleger folgen Sie der Uferpromenade südwärts 150 m bis zum Fähranleger. Auf Höhe des Fähranlegers geht es links landeinwärts in die kleine Gasse Via F.lli Bianchi. Nach 150 m gehen Sie bei einer T-Kreuzung links und nach 70 m rechts in die Via S. Pellico – auf die Hauptstraße zu. Dieser folgen Sie auf der rechten Seite. Um dem Verkehrslärm weitgehend zu entgehen, können Sie rechts durch das Gartenzentrum und dahinter über den Parkplatz vor dem Supermarkt gehen.

Supermarkt Sisa-Upim an der Hauptstraße, Via Statale 44,
täglich 8:30 bis 20:00

Am Supermarkt unterqueren Sie die Hauptstraße durch die Unterführung und folgen der Straße 100 m bis zu einem Stadtpark mit einem Kiosk (= Infobüro) davor. Halb links geht es durch den kleinen Park und danach links aufwärts, um sodann links der

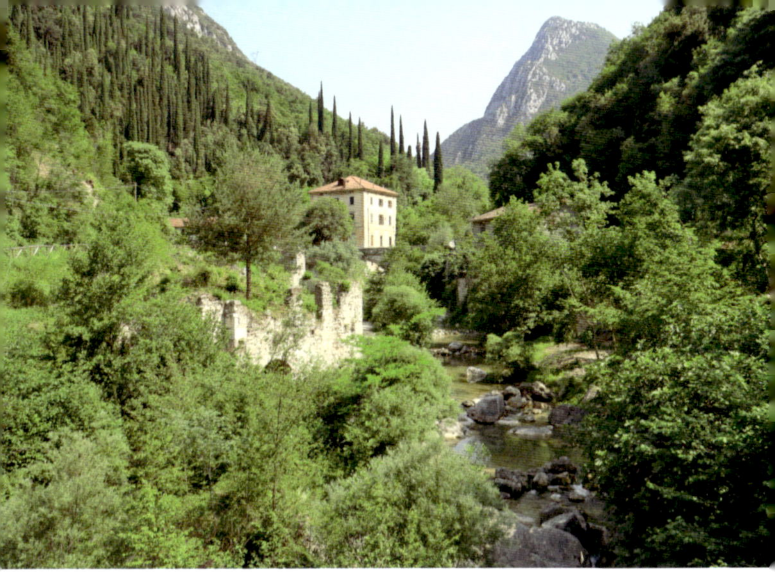

Valle delle Cartiere

Gasse zwischen den Mauern zu folgen (Via Fantoni). Bei einer Kreuzung mit Straßenspiegel wandern Sie geradeaus und nach 50 m rechts auf einer Gasse zwischen Mauern weiter (Via Solferino). Sie gehen immer geradeaus und ignorieren Abzweige.

Bei einer T-Kreuzung mit Stoppschild, 50 m nach der Carabinieri-Station, gehen Sie rechts abwärts und nach 50 m links auf der alten Steinbrücke über den Fluss (km 1,6).

🍷 Bar Ponte Vecchia kurz vor der Brücke, Bar Deby kurz nach der Brücke am Eingang zum Tal, 🚪 beide täglich

Hinter der Brücke und dem Rathaus ❶ folgen Sie der Straße links und 50 m danach noch einmal links (immer Richtung Valle delle Cartiere), um auf der kleinen Asphaltstraße leicht ansteigend durch das Tal zu wandern. Die vielen verfallenen Häuser sind großteils alte Papiermühlen – Zeugen einer glorreichen Vergangenheit als eine der wichtigsten Papierproduktionsstätten Italiens.

Lutherpamphlete und Lirescheine vom Gardasee

Das **Valle delle Cartiere** war zwischen dem 15. und 19. Jh. eines der europäischen Zentren der Papierherstellung. In dem Tal soll es einst mehr als 50 Papierfabriken gegeben haben, die das Gefälle des Flusses nutzten, um ihre Mühlen zu betreiben. Die Papierherstellung ist seit dem Jahr 1381 dokumentiert, vor allem venezianische Druckereien wurden beliefert. Bekannte Druckwerke auf Papier aus diesem Tal waren u. a. die lateinische Bibelvorlage sowie Flugschriften Luthers. Weitere qualitativ hochwertige Papiere wurden zum Druck von Banknoten verwendet, z. B. für den 1.000-Lire-Schein, der im Museo della Carta (☞ unten) zu sehen ist. Die letzte Papiermühle schloss im Jahr 1962.

Zu Beginn dieses Jahrtausends wurde das Valle delle Cartiere zu einem Industriedenkmal mit Infotafeln, dem Papiermuseum sowie einem spektakulären Weg durch die Toscolanoklamm ausgebaut. Letzterer ist leider seit einigen Jahren infolge von Bergsturz und Baufälligeit geschlossen (kurz nach km 3,9). Dafür klappt der Service für eher gehfaule Touristen: Zwischen Maderno und dem Papiermuseum verkehrt in der Saison eine Bimmelbahn.

Nach dem Tunnel geht es über den Parkplatz (km 2,5). Danach ist der Talweg für motorisierten Verkehr gesperrt. Nach 300 m passieren Sie zur Linken das moderne Papiermuseum ❷, das in dem ehemaligen Pförtnerhaus einer 1660 stillgelegten Papierfabrik eingerichtet wurde.

⌘ Das Museo della Carta di Toscolano-Maderno dokumentiert die Entwicklung der Papierherstellung in dieser Region. 💻 www.valledellecartiere.it, 🚪 Anfang April bis Ende Sept täglich 10:00 bis 18:00, Okt Sa und So 10:00 bis 18:00, Eintritt € 7

🍷 Bar am Museum mit netter Terrasse am Fluss, 🚪 siehe Museum

200 m nach dem Museum quert der Talweg über eine Brücke den Fluss. Danach halten Sie sich rechts (Gaino 0.30) und wandern an der alten Fischzuchtanlage vorbei. Hinter der Brücke stehen Tische und Bänke und ein ✗ Bistro (🚪 im Sommer). Der Platz wird von der Bimmelbahn als Wendehammer genutzt.

200 m nach einer weiteren Flussbrücke zweigt scharf rechts Pfad 19 nach Gaino ab (km 3,7), dem Sie später folgen. Aber vorher lohnen sich noch die weiteren 200 m durch das Tal. Vorbei an den freigelegten Mauerresten einer der ältesten Papiermühlen des Tals (15. Jh.) geht es zu einer schmalen Brücke, auf deren anderer (westlicher) Seite ein Picknickplatz mit einer (verschlossenen) Kirche darüber liegt (km 3,9, ⇧ 150 m).

✝ Die unter Zypressen stehende **Chiesa Luseti** wurde im 16. Jh. von der durch Papierproduktion reich gewordenen Familie Tamagnini gestiftet und 1996 erneuert. Gewidmet ist sie den Heiligen Filippo und Giacomo, den Schutzpatronen der „gualchierai", den Lumpenwalkern bei der Papierherstellung.

Der Weg führt ab dem Picknickplatz rechts noch 100 m auf der linken Seite weiter, endet dann aber abrupt vor einem Gatter am Eingang der Toscolanoklamm. Der Weg in die Klamm wurde nach mühevoller Erschließung 2006 feierlich eröffnet, musste aber nach wenigen Jahren leider wegen Steinschlags wieder geschlossen werden. Eine Wiedereröffnung war bisher nicht möglich.

Zurück geht es wie gekommen noch 200 m bis zur Abzweigung von Pfad 19 links nach Gaino (BVG, Gaino 0.15). Durch Wald folgen Sie diesem alten, mit Natursteinen gepflasterten Weg hinaus aus dem Tal nach Gaino. Auf diesem Weg pendelten früher Arbeiter zu den Mühlen im Tal.

Nach 15 Min. Anstieg (km 4,5, ⇧ 260 m) folgen Sie links dem Betonweg aufwärts (rw), um nach 200 m bei der Marienstatue und ⩪ Bänken geradeaus auf einer Asphaltstraße mit einem Holzgeländer und schöner Aussicht links zu gehen (19, rw). Nach 100 m folgen Sie bei einem Spiegel der Straße nach rechts abwärts. Auf dem kleinen Dorfplatz von **Gaino** mit Parkflächen und Müllcontainern halten Sie sich links (Via Folino Cabiana), Richtung Folino.

🍷 Fontana Daniela, Piazza Michelangelo 18, ☏ 03 65 64 13 21. Kleine Bar etwas rechts von dem kleinen Platz, in der Ortsmitte von Gaino

Holzbrücke bei Chiesa Luseti

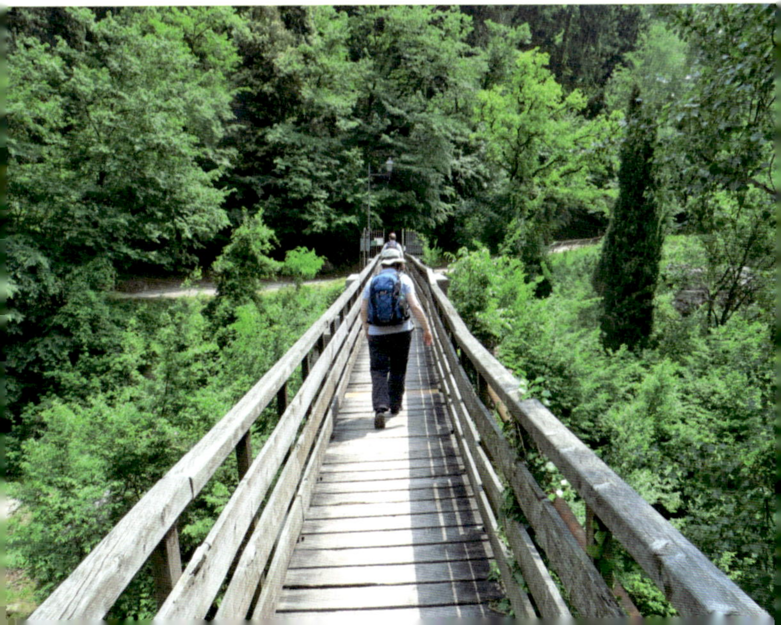

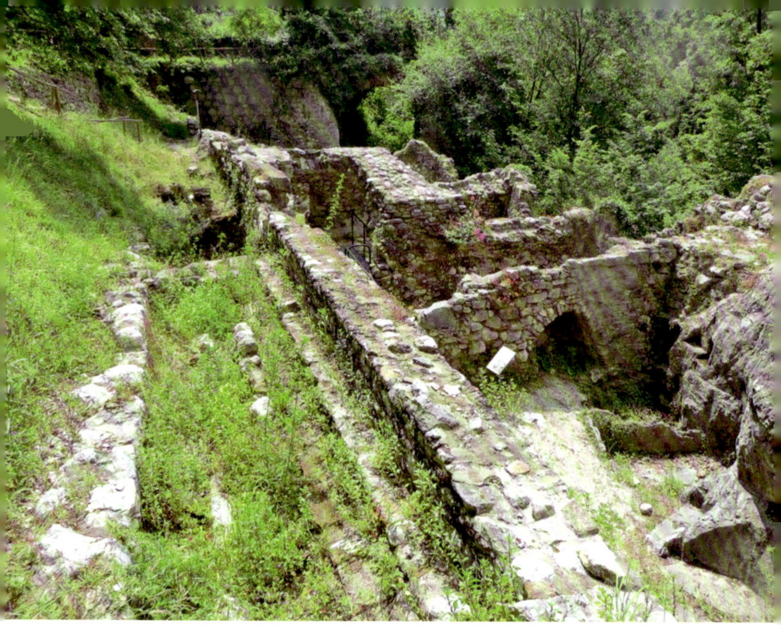

Valle delle Cartiere

Nach 200 m passieren Sie nach einer Kreuzung das Ortsschild von Folino (km 5,3). 70 m danach geht es bei ⩚ zwei Bänken und einem Briefkasten nach rechts (rw) und nach 30 m, vor einer Mauer, links und weiter geradeaus abwärts (19, rw). Nach weiteren 30 m verlassen Sie den rot-weiß markierten Pfad 19, der links nach unten führt. Sie halten sich rechts und wandern abwärts (keine Markierung). Nach 200 m mündet der Weg in eine Straße ein, die kurz darauf eine weitere Straße erreicht (Via dell'Era), an der Sie (kurz) links aufwärts gehen.

Nach dem höchsten Punkt (km 6,1, ⇧ 265 m) folgen Sie der Straße nach rechts und genießen nach 100 m einen weiten Blick über den südlichen Gardasee. Weiter geht es geradeaus abwärts (Tempo-30-Schild). Nach 200 m macht die Straße eine Rechtskurve. Auch hier geht es geradeaus abwärts (Sackgassenschild). Die Straße wandelt sich nach 30 m in einen Fußweg, später werden daraus Treppen.

Am Treppenende folgen Sie der Straße nach links und durch eine Rechtskurve. Danach geht es vor der Terrasse der Bar Castellari ❸ links abwärts in die Via Genova (km 6,5).

🍷 Bar-Gelateria Castellari, Via Pulciano Gaino 47, ☏ 03 65 64 26 81, 🚪 Mi Ruhetag

Nach 200 m endet der Asphalt bei einer Marienfigur. Sie gehen weiter geradeaus abwärts und laufen zunächst auf Schotter, später auf Gras. Zuletzt führt eine Treppe abwärts nach Toscolano, das Sie vor der Pia. Caduti mit einer größeren Kirche erreichen (km 7,3). Vor dem Platz geht es rechts in die recht schmale Straße Via Trento – so vermeiden Sie die stark befahrene Hauptstraße.

Variante entlang der Uferpromenade zum Schiffsanleger (3 statt 1,9 km, 45 statt 20 Min.)

Sie möchten länger am Ufer entlanggehen statt durch den Ort? Dann nehmen Sie nach 200 m auf der Via Trento die links abzweigende Via XX. Settembre und folgen dieser bis zum Kreisverkehr auf der Hauptstraße. Weiter geht es geradeaus an der Viale Marconi entlang auf das schon sichtbare Ufer zu. Zur Linken passieren Sie die einzige noch in Betrieb befindliche Papierfabrik des Ortes.

Am Ufer gehen Sie zuerst nach rechts und halten sich dann links, vorbei am Campingplatz, über den Fluss und am Schluss die Promenade entlang bis zum Schiffsanleger.

Die Via Trento führt auf das Rathaus ❶ mit der alten Brücke (km 8) zu – bekannt vom Wegbeginn. Wenn Sie Ihr Auto im Valle delle Cartiere abgestellt haben, geht es hier rechts, Sie erreichen den Parkplatz nach etwa 10 Min.

Zum Schiffsanleger folgen Sie demselben Weg wie beim Hinweg, in Kürze noch einmal andersherum beschrieben: links am Rathaus vorbei und geradeaus über die alte Steinbrücke, dahinter rechts aufwärts, nach 50 m links und der Straße folgen. 50 m nach der Schule geradeaus in die asphaltierte Gasse zwischen Mauern bzw. Zäunen und nach 100 m bei einer Kreuzung links, Abzweigungen nicht beachten. 30 m vor der Hauptstraße rechts und über den Platz.

Nach 100 m die Hauptstraße durch die Unterführung queren und auf der linken Straßenseite vorbei am Supermarkt und über das Gartenbetriebsgelände. Weiter geht es geradeaus in die Via S. Pellico und an deren Ende rechts in die Via F.lli Bianchi. Nach 100 m ist hinter der Kirche der Mittelpunkt von Maderno erreicht.

mehrere Cafés/Bars, etwa Café Centrale, Piazza San Marco 17 (hausgemachtes Eis)

Der Schiffsanleger liegt etwa 70 m links.

⑲ Wanderung von Maderno-Toscolano nach Gargnano

Tour für kulturell und historisch Interessierte

Diese leichte Streckentour führt großteils entlang des Fernwanderwegs Bassa Via del Garda (BVG) vom Doppelort Maderno-Toscolano zunächst wie Tour 18 in das Valle dei Cartiere mit seinen alten Papiermühlen. Von dort steigen Sie aufwärts und wandern durch eine von Olivenhainen und Wald geprägte Landschaft mit vielen Ausblicken auf den Gardasee und mehreren kleinen Kapellen entlang der Strecke. Kurz vor dem Zielort Gargnano mit sehenswerten Gebäuden passieren Sie nette kleine Häfen.

→ Start: Maderno-Toscolano, Schiffsanleger von Maderno, GPS N 45°38.046‘ E 010° 35.963‘; Ziel: Gargnano, Ortsmitte am Hafen, GPS N 45°41.290‘ E 010°39.805‘

11,5 km

3 Std. 30 Min.

↑↓ 300 m/300 m. An-/Abstieg nicht übermäßig steil, aber überwiegend am Stück

⇧ 65-285 m

rot-weiße Markierungen (rw), 19, Fernwanderweg BVG (Bassa Via del Garda)

Rastplätze mit Sitzbänken/Tischen am Wendehammer (km 3,1) und am Wendepunkt unterhalb der Chiesa Luseti (km 3,9), Bank in Folino (km 5,3)

Einkehrgelegenheiten am Anfang/Ende der Tour

Bars am Anfang/Ende, am Anfang des Toscolanotals (km 1,6) und in Gaino (km 5)

großer Supermarkt (Sisa) an der Hauptstraße in Maderno (km 0,5)

Bademöglichkeit in Gargnano, 300 m vom Zentrum entfernt

Für Kinder sind die Ruinen der Papiermühlen im Valle delle Cartiere interessant.

Für Buggys machbar, einzige „Schikane“ ist der kurze, aber nicht allzu steile An-/Abstieg.

Teilweise felsiger Untergrund, Hunde können außerhalb der Orte großteils frei laufen.

P Parkplatz beim Supermarkt in Maderno (GPS N 45°38.170‘ E 010°36.270‘) oder am Beginn der Toscolanoklamm bei km 2,5 (GPS N 45°38.837‘ E 010°36.300‘), jeweils frei; Parkhaus in Gargnano 300 m vor dem Zentrum unter der Bushaltestelle (GPS N 45°41.186‘ E 010°39.610‘), pro Stunde € 1,30

Zwischen Gargnano und Maderno-Toscolano verkehren halbstündlich Busse der Linie 202 (weiter bis nach Brescia). Außerdem gibt es Verbindungen gen Norden (Gargnano, Limone) und Süden (Desenzano) mit der Linie LN027 (eher selten).
www.arriva.it → Travel with us → Search your lines → SIA → Area Garda e Valle Sabbia

Es gibt viele Schiffsverbindungen zwischen Maderno und Gargnano sowie weiter Richtung Norden und Süden. Der Schiffsanleger Maderno liegt 200 m vom Zentrum entfernt und bildet den Startpunkt der Wanderung. 150 m südlich vom Schiffsanleger befindet sich der Fähranleger mit mindestens stündlichen Fährverbindungen auf die andere (östliche) Seite des Gardasees, nach Torri del Benaco. In Gargnano finden Sie den Schiffsanleger direkt am Hafen in der Ortsmitte.

Die Rundtour beginnt wie ☞ Tour 18 am Hafen des Doppelortes Maderno-Toscolano und ist bis Folino (km 5,3) vom Wegverlauf identisch, daher hier nur knapp beschrieben.

Vom Schiffsanleger folgen Sie der Uferpromenade südwärts 150 m bis zum Fähranleger. Auf Höhe des Anlegers geht es links landeinwärts in die kleine Gasse Via F.lli Bianchi. Nach 150 m gehen Sie bei einer T-Kreuzung links und nach 70 m rechts in die Via S. Pellico und weiter geradeaus auf der Hauptstraße, vorbei am Supermarkt.

Supermarkt Sisa-Upim an der Hauptstraße, Via Statale 44, täglich 8:30 bis 20:00

Maderno-Toscolano

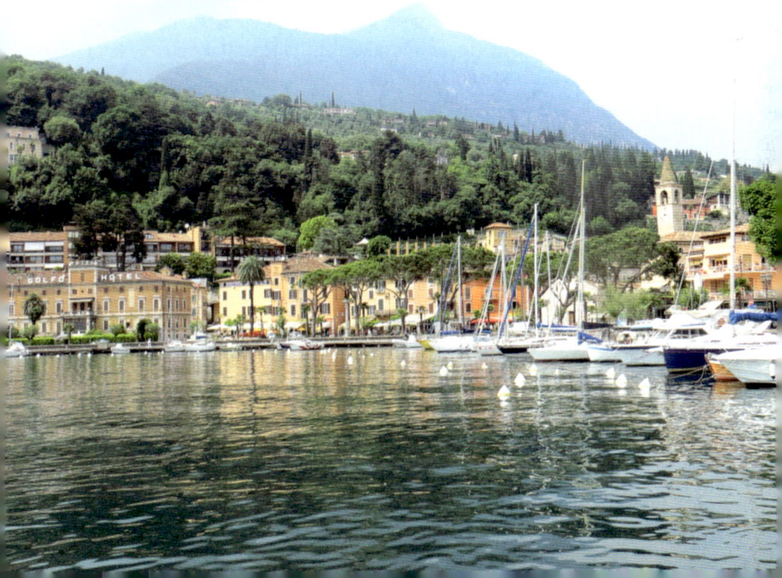

Hinter dem Supermarkt geht es links, durch den kleinen Park und auf kleinen Gassen zur alten Steinbrücke über den Fluss (km 1,6).

🍷 Bar Ponte Vecchia kurz vor der Brücke, Bar Deby kurz nach der Brücke am Eingang zum Tal, 🚪 beide täglich

Hinter der Brücke und dem Rathaus ❶ folgen Sie der Straße links hinein in die Schlucht, nach einem Tunnel über den Parkplatz (km 2,5) und weiter zum modernen Papiermuseum ❷.

⌘ Museo della Carta di Toscolano-Maderno, ☞ Tour 18

🍷 Bar am Museum mit netter Terrasse am Fluss, 🚪 ☞ Museum

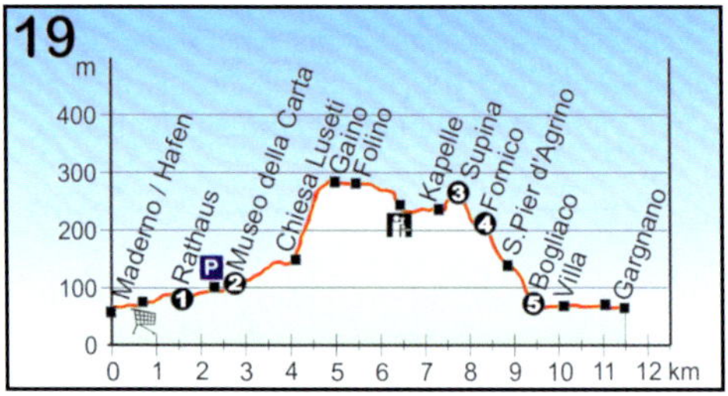

Sie folgen dem Weg rechts am Museum vorbei weiter in das Tal. 200 m nach der zweiten Flussbrücke zweigt scharf rechts Pfad 19 nach Gaino ab (km 3,7), dem Sie später folgen. Aber vorher lohnen sich noch die weiteren 200 m durch das Tal. Vorbei an den freigelegten Mauerresten einer der ältesten Papiermühlen des Tals (15. Jh.) geht es zu einer schmalen Brücke, auf deren anderer (westlicher) Seite ein ⛼ Picknickplatz mit der (verschlossenen) Chiesa Luseti aus dem 16. Jh. darüber liegt (km 3,9, ⇧ 150 m).

Zurück geht es wie gekommen noch 200 m bis zur Abzweigung von Pfad 19 links nach Gaino (BVG, Gaino 0.15). Durch Wald folgen Sie diesem mit Natursteinen gepflasterten Weg hinaus aus dem Tal. Nach 15 Min. Anstieg (km 4,5, ⇧ 260 m) nehmen Sie links den Betonweg aufwärts (rw), um nach 200 m bei der Marienstatue und ⛼ Bänken auf einer Asphaltstraße mit einem Holzgeländer und schöner Aussicht links geradeaus zu gehen (19, rw). Nach 100 m folgen Sie bei einem Spiegel der Straße nach rechts abwärts. Auf dem kleinen Dorfplatz von Gaino mit Parkflächen und Müllcontainern halten Sie sich links (Via Folino Cabiana), Richtung Folino.

🍷 Fontana Daniela, Piazza Michelangelo 18, ☏ 03 65 64 13 21. Kleine Bar etwas rechts von dem kleinen Platz, in der Ortsmitte von Gaino

Nach 200 m passieren Sie nach einer Kreuzung das Ortsschild von Folino (km 5,3). 70 m danach folgen Sie der kaum befahrenen Straße geradeaus und halten sich nach 100 m bei der Gabelung rechts (Via Mezzane). Nach 10 Min.

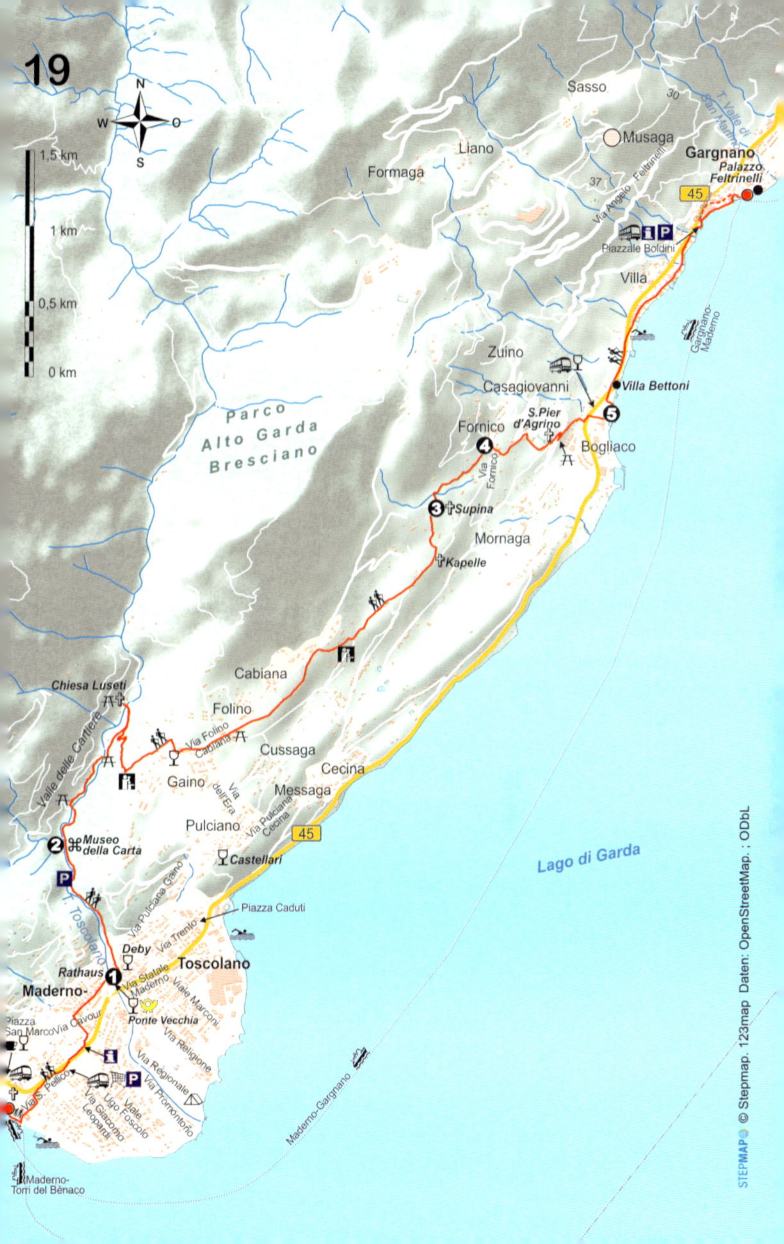
19
N
W
O
S
1,5 km
1 km
0,5 km
0 km
Sasso
30
T. Valle di San Martino
Musaga
Liano
Gargnano
Formaga
Palazzo Feltrinelli
37
45
Via Angelo Feltrinelli
Piazzale Boldini
Villa
Gargnano-Maderno
Zuino
Villa Bettoni
Casagiovanni
5
S.Pier d'Agrino
Fornico
4
Bogliaco
Parco Alto Garda Bresciano
Via Fornico
3
Supina
Mornaga
Kapelle
Cabiana
Chiesa Luseti
Folino
Via Folino Cabiana
Cussaga
Cecina
Valle delle Cartiere
Gaino
Messaga
Via dell'Era
Pulciano
Via Pulciana Cecina
45
2
Museo della Carta
Castellari
Lago di Garda
Via Pulciana Gaino
T. Toscolano
Piazza Caduti
Via Trento
Deby
Toscolano
Rathaus
1
Via Statale
Maderno-
Maderno
Viale Marconi
Piazza San Marco
Via Cavour
Ponte Vecchia
Via Religione
Via Regionale
Via S. Pellico
Viale Ugo Foscolo
Via Giacomo Leopardi
Via Promontorio
Maderno-Gargnano
Maderno-Torri del Benaco
STEPMAP © Stepmap. 123map Daten: OpenStreetMap ; ODbL

(km 6,3, ⇧ 265 m) nehmen Sie bei einer weiteren Gabelung die rechts abwärts führende Straße (Chiesa di Supina, rw, BVG) und ignorieren die nach links abzweigende Straße (Strada privata). 150 m nach der Gabelung ändert sich bei einem schönen Aussichtspunkt der Wegbelag, kurz darauf halten Sie sich bei einer Gabelung links (rw, BVG, Supina) und passieren etwas später einen Agriturismo. Sie gehen weiter geradeaus (Beschilderung: Supina, BVG) bis zu einer Gabelung (km 7,4, ⇧ 240 m), wo Sie links den aufwärtsführenden Betonweg nehmen (Supina), der Sie nach 5 Min. zu der Kirche **Supina ❸** führt (km 7,7, ⇧ 260 m).

✞ ⊼ Kirchlein Supina (verschlossen) mit Bänken davor. Das Kirchlein wurde in der zweiten Hälfte des 15. Jh. durch die Gemeinde Toscolano erbaut. Das Portal und der Glockenturm gehen auf das 17. Jh. zurück.

Weiter geht es auf dem Fußweg links an der Kirche vorbei. Er führt zwischen Hecken in ein Bachtal und dort abwärts. Bei den ersten Häusern des ersten nun folgenden Dorfes – **Fornico ❹** – (km 8,3 ⇧ 210 m) nehmen Sie die erste rechts abwärts und durch eine Linkskurve führende Gasse (Via Fornico), die 20 m nach dem Bogen eines Hauses Hausnr. 30 eine andere Straße erreicht, der Sie rechts abwärts folgen (rw). Bei der folgenden Kreuzung mit Straßenspiegel gehen Sie geradeaus und erreichen nach 200 m eine etwas größere Straße, der Sie ebenfalls geradeaus folgen, um nach 50 m die rechts abwärts führende Straße zu nehmen (41, Bogliaco). Sie erreicht nach 150 m einen Platz mit ✞ zwei Kirchen (km 8,9, ⇧ 250 m).

✞ S. Pier d'Agrino mit drei Schiffen, Säulenportal und vielen Kunstschätzen (links) und Santa Trinità aus dem 18. Jh., genannt Santuario del Crocefisso (rechts)

Sie gehen rechts an der (größeren) S.-Pier-d'Agrino-Kirche vorbei und weiter abwärts zur Straße, der Sie 50 m nach rechts folgen, um bei der ⊼ Bank den scharf links abwärts führenden Weg mit Stufen zu nehmen (rw, Via Salita San Crocefisso). Er führt direkt auf die Hauptstraße zu, die Sie vorsichtig queren.

🚌 ✞ 50 m links liegt an der Hauptstraße vor der Kirche Santi Martiri die Bushaltestelle Bogliaco mit stündlichen Abfahrten Richtung Gargnano und Brescia.

Weiter geht es auf der 20 m nach links versetzten Gasse (Via Pio Battoclietti), die durch den Bogen eines Hauses und weiter zum Hafen von Bogliaco ❺ (km 9,5), einem südlichen Ortsteil von Gargnano, führt.

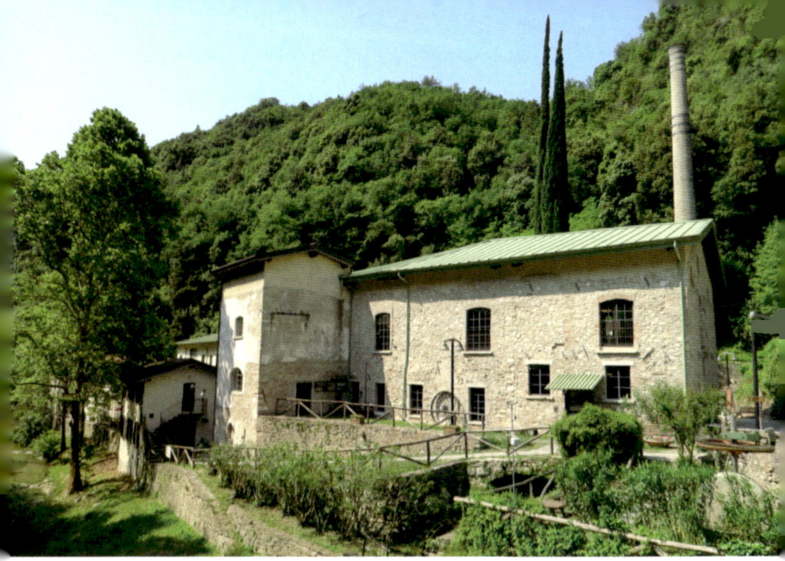

Papiermuseum

Am Hafen orientieren Sie sich nach links und folgen so ufernah wie möglich den kleinen Straßen, ehe Sie nach 200 m wieder die Gardesana occidentale erreichen, der Sie 200 m geradeaus folgen müssen, vorbei an der Villa Bettoni, einem Palast aus dem 18. Jh., erbaut von Adriano Cristofori im Auftrag des Grafen Antonio Giovanni Bettoni. Gegenüber, auf der linken Straßenseite, liegt die prächtige Gartenanlage.

Nach 200 m wird es wieder ruhiger, wenn Sie beim (privaten) Strand von Villa rechts in die kleinere Via Colletta biegen, die Sie zum idyllischen Hafen des Ortsteils Villa bringt, vorbei an der Villa Igea (Nr. 44), wo der britische Schrifsteller David Herbert Lawrence 1912/13 nach seiner Alpenquerung einen Winter verbracht hat. Weiter geht es geradeaus auf der Dorfstraße, die bei der Bushaltestelle mit einem P Parkhaus darunter am Anfang von Gargnano wieder die Hauptstraße erreicht. Um zur Innenstadt zu gelangen, gehen Sie rechts hinab zum Fußweg, der Sie auf der Uferpromenade nach 5 Min. in das Zentrum von Gargnano mit Hafen und mit dem Palazzo Feltrinelli kurz dahinter – bekannt durch den Mussolini-Aufenthalt – führt.

☹ Zuletzt (2017) war der erste Teil der Uferpromenade nach Gargnano (jahrelang) wegen Bauarbeiten gesperrt. Als Alternative nehmen Sie die hinter der Bushaltestelle rechts von der Hauptstraße Richtung Zentrum abzweigende kleine

Straße zum Zentrum von Gargnano mit dem Hafen. An der Front einiger Häuser am Hafen erinnern die (rekonstruierten) Kanonenkugeln an den Beschuss des Ortes durch die Österreicher im Jahr 1866.

Feltrinelli – oder: wie das Che-Guevera-Bild entstand

Die Feltrinellis waren im 19. Jh. eine der reichsten Familien Italiens, reich geworden durch Holzhandel. Bekanntester Spross der Familie war Giangiacomo Feltrinelli (1926-1972), der 1954 den gleichnamigen Verlag gründete. Als überzeugter Kommunist setzte Feltrinelli den Schwerpunkt auf politisch linke Literatur, z. B. den damals in Russland verbotenen „Doktor Schiwago“ von Boris Pasternak oder Texte von Che Guevara. Als Souvenir von einem Kubabesuch brachte Feltrinelli ein Foto des Fotografen Alberto Korda mit, auf dem u. a. der kubanische Revoluzzer Che Guevara abgebildet war. Feltrinelli vergrößerte den Revolutionär auf dem Gruppenfoto. Das so entstandene Porträt von Che Guevera gilt als das meistreproduzierte Foto überhaupt.

Der mit Rudi Dutschke befreundete Feltrinelli ging 1969 in den Untergrund und „rächte“ die Ermordung Che Guevaras indirekt, indem er die Mordwaffe für die Deutsche Monika Ertl besorgte, die damit vermutlich den bolivianischen Konsul Roberto Quintanilla erschoss, der an der Polizeiaktion gegen Che Guevara beteiligt war. Feltrinelli kam 1972 bei einem versuchten Anschlag auf einen Strommast ums Leben, als der Sprengstoff zu früh explodierte.

Gargnano ist mit seinen 3.100 Einwohnern ähnlich groß wie Malcésine, aber deutlich weniger touristisch geprägt. Das Städtchen hat viel von seinem ursprünglichen Charme als kleines Küstendorf bewahrt. Bekannt wurde Gargnano durch die „Republik von Saló“, den Versuch Mussolinis, 1943 noch einmal die Herrschaft in Italien an sich zu reißen. Mussolini residierte seinerzeit in dem 100 m östlich vom Hafen liegenden **Palazzo Feltrinelli**, seinem ehemaligen „Regierungsgebäude“, wo er zwischen November 1943 und April 1945 auf Initiative Hitlers – vergeblich – den zweiten Versuch einer faschistischen Herrschaft über (Nord-) Italien unternahm. Zuvor war Mussolini von deutschen Fallschirmjägern am Campo Imperatore (Abruzzen) aus seiner Haft befreit worden, um sich von den Nazis weiter „instruieren“ zu lassen. So war Mussolini in Gargnano nichts anderes als eine Marionette Hitlers, die am Gardasee ein wenig Regierungskabinett „spielte“, ehe sie endgültig abgesetzt wurde. Heute werden in dem Palazzo Sprach- und Kulturkurse der Mailänder Uni abgehalten.

i Consorzio Turistico Gargnano, Piazzale Boldini 2, ☏ 03 65 79 12 43, www.gargnanosulgarda.com. Etwas außerhalb vom Ort an der Bushaltestelle bzw. am Parkhaus.

20 Rundwanderung oberhalb von Salò

Rundwanderung für Landschaftsgenießer und Kulturfreunde

Salò, die größte Stadt am Westufer, liegt in einer Bucht des Gardasees und wird vom Monte San Bartolomeo überragt, der einen weiten Blick auf den südlichen See bietet. Bei der Wanderung passieren Sie drei Kapellen sowie den Dom von Salò. Am Ziel lockt die große Uferpromenade mit vielen Cafés.

Start/Ziel: Schiffsanleger bzw. Uferpromenade von Salò, GPS N 45°36.401' E 010°31.748'

11,3 km

3 Std. 30 Min.

580 m/580 m

65-525 m

Wegweiser sowie Nummern 17, 17b und 16

Unterwegs laden mehrere Bänke zur Pause ein.

viele Einkehrgelegenheiten am Start/Ziel in Salò

Einkaufsgelegenheiten am Start/Ziel in Salò

für Kinder geeignet, da nicht extrem lang und relativ abwechslungsreich mit tollen Ausblicken

für Buggys wegen des stellenweise steinigen Weges und einiger steiler An-/Abstiege nicht geeignet

Für Hunde ist die Tour geeignet, diese sollten im Ort bzw. im Bereich der Bebauung aber angeleint sein. Es gibt keine scharfkantigen Felsen.

Parken ist in Salò in gebührenpflichtigen Parkplätzen bzw. -häusern möglich, z. B. am Ostende des Ortes gegenüber dem Hotel Salò du Parc, 50 m von der Route bei km 0,5, GPS N 45°36.500' E 010°32.064' (pro Stunde € 1,30). Gratis geparkt werden kann vor der Madonna del Rio bei km 8,5, GPS N 45°37.342' E 010° 30.755'. Parken auf Straßen im Ort kostet bei Automaten € 2 pro Stunde.

Busbahnhof im Zentrum von Salò mit halbstündlichen Abfahrten Richtung Brescia und Gargnano mit Buslinie S202. www.arriva.it → Travel with us → Search your lines → SIA → Area Garda e Valle Sabbia

Schiffsanleger an der Promenade mit Abfahrten zu anderen Orten am See

Vom Schiffsanleger gehen Sie auf der Uferpromenade ostwärts in Seerichtung, am spätgotischen Dom (links) und an Booten der Küstenwache vorbei. Nach 5 Min. folgen Sie am Ende der Promenade der Straße links landeinwärts und gehen nach 50 m beim Kreisverkehr rechts, um bei der Bushaltestelle Salò

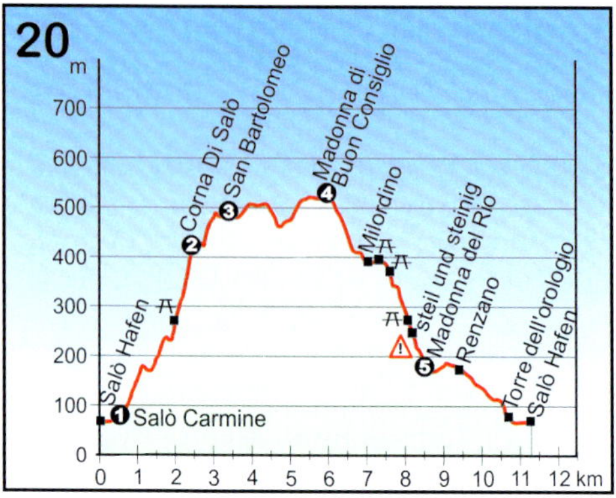

Carmine ❶ die Straße zu queren und weiter rechts zu gehen. ☝ Nach 20 m biegen Sie links in die aufwärtsführende schmale Gasse Via San Bartolomeo (rot-weiß, 17) und folgen dieser bis zur Hauptstraße (km 0,8), die Sie vorsichtig queren, um auf der anderen Seite die kleine Straße links aufwärts zu nehmen (17). Nach 100 m folgen Sie bei einer Gabelung der kleinen Straße nach rechts (rot-weiß), während die Via Pineta geradeaus weiterführt. ☝ Nach 200 m mündet die Gasse in eine andere Straße, der Sie links folgen (17), kurzzeitig abwärts. Nach weiteren 200 m passieren Sie ein Seitental; hier biegen Sie rechts hinter der Leitplanke in den Pfad (17, San Bartolomeo 0.55), vorbei an ⛼ Tisch und Bank. Sie wandern nun steiler aufwärts durch Wald und erreichen nach 10 Min. nach einer zuletzt flacheren Passage eine Gabelung bei Bambuspflanzen (rechts), wo Sie rechts aufwärts gehen, zwischen dem Bambus hindurch und weiter durch Wald, nach 100 m vorbei an einer ⛼ Bank. Bei einer Gabelung 150 m nach der Bank wandern Sie links aufwärts (17, San Bartolomeo).

Nach weiterem steilen Anstieg erreichen Sie in etwa 10 Min. eine T-Kreuzung (km 2,4, ⇧ 390 m), wo Sie rechts gehen (17, San Bartolomeo). Der Weg links führt nach Renzano (16b).

⇘ Nach 50 m lockt rechts (50 m vom Weg) der wohl schönste Aussichtspunkt der Tour (Corna Di Salò ❷) mit ⛼ Tisch und Bank auf einem Felsen und weitem Blick auf die Bucht von Salò und den Süden des Gardasees.

Der Weg verläuft nun zunächst relativ eben, um nach 200 m etwas stärker anzusteigen. 300 m nach dem Aussichtspunkt mündet er in einen anderen Weg ein, dem Sie rechts folgen (17 San Bartolomeo), links neben dem Zaun. Nach 100 m queren Sie einen Zaun bzw. ein Gatter und wandern auf einer offenen Fläche, wo gelegentlich Vieh grast. Bei der Gabelung nach 10 m folgen Sie dem grob asphaltierten Weg links leicht aufwärts, rechts neben dem Zaun (2017 keine Markierung).

Nach 5 Min., 150 m nach einem weiteren Gatter (dieses nach dem Durchgehen wieder schließen!), nehmen Sie den links aufwärts führenden Grasweg, der rechts neben kleinen Felsen zur Zufahrtsstraße nach San Bartolomeo führt. Dieser folgen Sie links aufwärts zum Kirchlein San Bartolomeo ❸ (km 3,4, ⇧ 485 m).

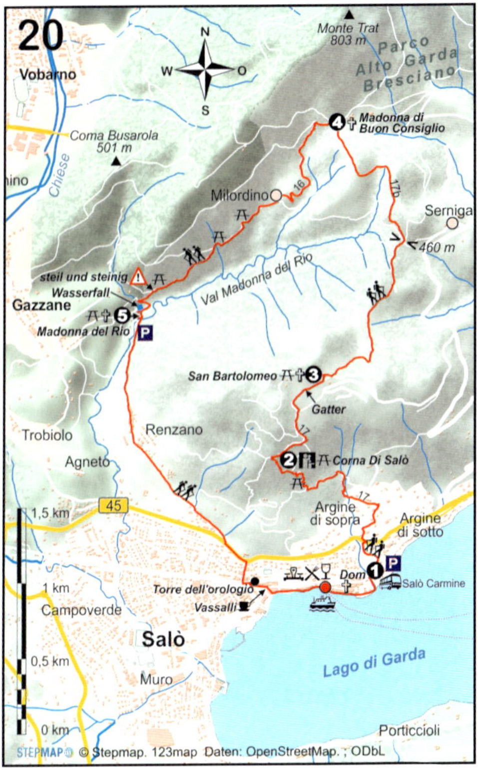

Vor dem (leider verschlossenen) Kirchlein laden Tisch und Bank zur Rast im Schatten ein.

Weiter geht es den Zufahrtsweg hinunter, nach 100 m bei der Kreuzung mit einem Gatter rechts nach links (17, BVG) und nach 150 m beim Haus Nr. 19 geradeaus aufwärts. Bei einer Dreifachkreuzung (km 4, ⇧ 500 m) folgen Sie dem Spurweg nach rechts und ignorieren nach 250 m den rechts abzweigenden Weg, um geradeaus dem jetzt schmaler werdenden Weg zu folgen.

Bei der Kreuzung in einem Sattel (km 4,8, ⇧ 460 m) gehen Sie geradeaus, nach 10 m links (17b, Milord). Vor einer freien Fläche passieren Sie ein Gatter (km 5,4) und folgen danach dem Weg geradeaus. Nach 5 Min. laufen Sie nach einer Rechtskurve bei einer Gabelung mit Anhängern im Wald geradeaus und nach 100 m links an einem neuen Haus vorbei. Kurz darauf erreichen Sie die im Wald versteckte Kapelle Madonna di Buon Consiglio ❹ (km 5,9, ⇧ 515 m), die allerdings nicht zur Pause einlädt: Aussicht sowie Tische und Bänke – Fehlanzeige.

Weiter geht es hinter der Kapelle links leicht aufwärts (16), nach 20 m links und nach 10 m bei einer Kreuzung links abwärts, in eine Sackgasse Richtung Milord (rot-weiß). Bereits nach 100 m wenden Sie sich bei einer Gabelung noch einmal nach links und folgen dem abwärtsführenden Asphaltweg (rot-weiß). In dem aus wenigen Häusern bzw. Gärten bestehenden Weiler Milordino (km 7, ⇧ 390 m) gehen Sie bei der Gabelung rechts (Holzschild: Madonna del Rio, rot-weiß). Der Weg führt an mehreren Bänken vorbei – darunter auch eine Bank-Tisch-Kombination (km 7,5, ⇧ 360 m) – am Hang entlang abwärts.

Etwa 50 m nach der dritten Bank (km 8,1, ⇧ 250 m) führt der Weg kurzzeitig (ca. 80 m) recht steil über ein steiniges Stück abwärts, vor allem bei Nässe sollte man vorsichtig sein!

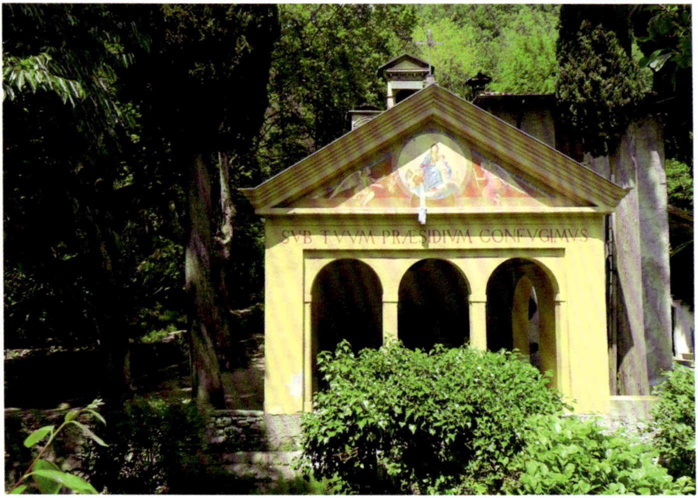

Madonna del Rio

Am Ende der steilen Passage gehen Sie im Wald vor einem Bach scharf links (rot-weiß) – in die Richtung, aus der Sie kommen, zeigt das Holzschild „Passo di Bagnolo“. An der nach 100 m folgenden Gabelung folgen Sie dem Weg rechts abwärts durch Wald (rot-weiß) und erreichen nach 100 m die dritte Kapelle der Tour, Madonna del Rio ❺ (km 8,5, ⇧ 185 m), die anders als die beiden vorangegangenen Kapellen meistens geöffnet ist. Auf der Wiese vor der Kapelle finden Sie einen größeren Picknickplatz.

↳ ☺ Hinter der Kapelle lohnt sich der (ausgeschilderte) kurze Abstecher (➲ 2 x 70 m) zu einem Wasserfall, der malerisch in einem Felsenkessel hinabstürzt.

Links vorbei an einem Picknickplatz und einem Parkplatz folgen Sie der Zufahrt zu der Kapelle Richtung Gardasee. Bei einer Gabelung am Beginn der Straßenpflasterung (km 9,1, ⇧ 185 m) gehen Sie links aufwärts und entlang der Straße kurzzeitig leicht aufwärts durch die Siedlung Renzano. Abzweigende Wege ignorieren Sie und folgen der Straße im weiteren Verlauf abwärts bis zur Hauptstraße (km 10,3, ⇧ 105 m), die Sie vorsichtig queren. Auf der rechten Straßenseite geht es nun 200 m auf dem schmalen Trittpfad nach links, mit Blick über Salò. Vor der Linkskurve nehmen Sie am Ende der Leitplanke die rechts hinunterführende Treppe und folgen an ihrem Ende der kleinen Straße geradeaus abwärts (Salita G. Marconi) zur größeren Straße Via G. Garibaldi. Dort gehen Sie auf der linken Seite nach links und queren sie nach 50 m über den Zebrastreifen. Hinter dem Stadttor (Torre dell'orologio = „Uhrenturm") nehmen Sie die Treppe abwärts und folgen der Fußgängergasse (Piazza Zanelli) nach links leicht abwärts, um nach 100 m bei der Gabelung mit der ☕ Konditorei Vassalli links der Gasse nach rechts zum Ufer zu folgen. Von dort sind Sie nach links auf der Uferpromenade noch etwa 5 Gehminuten zum Schiffsanleger unterwegs.

Salò

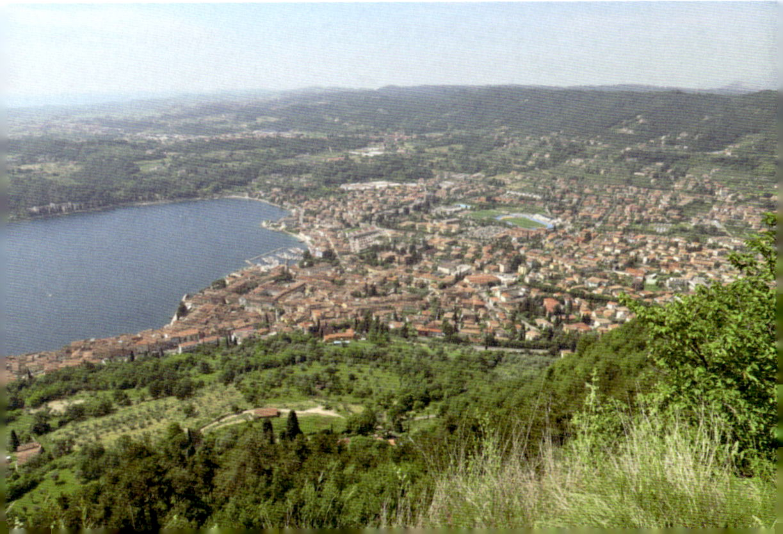

21 Zu den Felszeichnungen bei Punta San Vigilio

Tour für kulturell Interessierte

Diese Streckenwanderung beginnt bei Punta San Vigilio, nach Angaben des Philosophen Brenzone der „schönste Ort der Welt". Ein Abstecher lohnt sich. Die Wanderung führt gemächlich aufwärts, vorbei an vorgeschichtlichen Felszeichnungen. Weiter geht es aufwärts durch Wald mit Ausblicken nach Garda auf den großteils bewaldeten Kamm des Monte Luppia und schließlich abwärts zum Zielort Torri del Benaco.

→ Start: Punta San Vigilio, Bushaltestelle, GPS N 45°34.410' E 010°40.572';
Ziel: Torri del Benaco, GPS N 45°36.603' E 010°41.171'

8,6 km

3 Std.

↑ ↓ 350 m/370 m. An-/Abstieg überwiegend am Stück

⇧ 65-410 m

gelegentlich Wegweiser, rot-weiße Markierungen (rw), rote und grüne Pfeiler

kein Rastplatz am Weg

Café zu Beginn bei Punta San Vigilio (Abstecher) sowie Trattoria agli Olivi (km 7), Restaurants am Ziel

Bademöglichkeit zu Beginn bei Punta San Vigilio (kostenpflichtig) und am Ende in Torri del Benaco

Für Kinder sind die Felszeichnungen ganz interessant, sonst gibt es für sie wenige Höhepunkte.

Für Buggys ist die Route wegen einer kurzen schmalen Passage am Felsen kaum machbar.

Teilweise felsiger Untergrund, am Ziel auf der Promenade müssen Hunde angeleint sein.

P kleiner Parkplatz vor S. Vigilio (GPS N 45°34.416' E 010°40.519', gratis), großer Parkplatz in Torri del Benaco (GPS N 4 5°36.391' E 010°41.136', ca. € 1,30 pro Std.)

S. Vigilio und Torri del Benaco sind vom Norden und Süden gut mit dem Linienbus erreichbar, der zwischen Verona und Riva verkehrt. Die Bushaltestellen liegen jeweils unweit vom Start- bzw. Zielpunkt. www.atv.verona.it → Linee ed orari → Extraurbano → T → Torri del Benaco

Schiffsverbindungen an/ab Torri del Benaco und Garda Richtung Norden und Süden. In Torri del Benaco liegt der Schiffsanleger im Zentrum und der Fähranleger 300 m südlich vom Zentrum, Letzterer mit stündlichen Fährverbindungen auf die andere (westliche) Seite des Gardasees, nach Maderno-Toscolano. Garda hat einen Schiffsanleger nordwestlich vom Zentrum – Richtung Punta San Vigilio (☞ Wegalternative).

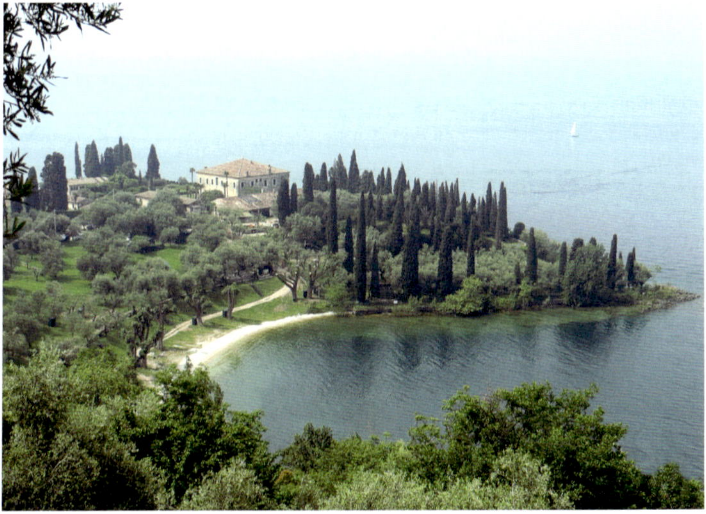

Punta San Vigilio

Punta San Vigilio – „der schönste Ort der Welt"

Die Landzunge Punta San Vigilio ist die wohl berühmteste und meistfotografierte Ansiedlung am Gardasee, bekannt durch die sich im Norden anschließende malerische Badebucht Baia delle Sirene sowie die architektonische Gestaltung. Der Philosoph und Humanist Agostino di Brenzone hatte die Halbinsel 1540 erworben. Der Festungsbaumeister Michele Sanmicheli schuf hier aus der Landschaft und allen Bauwerken ein Gesamtkunstwerk im klassischen Stil: Die alte Bebauung mit Kirche und der Hafen wurden integriert.

Zentrale Achse ist die Zypressenallee, die am höchsten Punkt der Halbinsel endet, der Renaissancevilla Guarienti. Der Hafen wurde mit der Locanda di San Vigilio erweitert, heute ein Hotel mit Restaurant.

Namensgeber der Halbinsel ist das ✝ Kirchlein San Vigilio aus dem 13. Jh., das älteste erhaltene Bauwerk auf der Halbinsel.

Von Brenzone stammt der viel zitierte Superlativ, dass San Vigilio der „schönste Ort der Welt" sei. Wörtlich heißt es (in einem Brief an seinen Freund Silvano Cattaneo): „Die ganze Welt besteht aus drei Teilen: Afrika, Asien und Europa. Der schönste Erdteil ist Europa, und davon ist Italien der schönste Teil, von Italien wiederum die Lombardei, und von dieser der Gardasee, und an diesem San Vigilio. Ergo ist San Vigilio der schönste Ort der Welt."

Ein Auszug aus der Gästeliste der Villa Brenzone und der Locanda San Vigilio, dem früheren Gästehaus der Villa: Zar Alexander III., Otto Hahn und Winston Churchill sowie in jüngerer Zeit Prinz Charles, König Juan Carlos und Richard von Weizsäcker.

Vor dem Start lohnt sich ein Abstecher auf die Halbinsel Punta San Vigilio (2 x 400 m). Durch die Zypressenallee geht es auf die Villa zu und kurz davor links hinunter zum Hafen mit einem Café. Nördlich liegt der bekannte Badestrand mit Park.

Parco Baia delle Sirene mit Badestrand, www.parcobaiadellesirene.it, ab Ostern bis Okt, Eintritt je nach Saison € 5 bis 12, Kurzzeitbesuch (max. 1 Std.) € 2

Wegalternative: Start ab Garda

(1,5 km länger, 5 Min. auf der Hauptstraße)

Optional können Sie die Tour auch in Garda beginnen: Dazu folgen Sie ab Garda vom Schiffsanleger der Uferpromenade Richtung Punta San Vigilio, vorbei an Villen wie der Villa degli Albertini aus dem 16. Jh. 1,6 km nach dem Schiffsanleger (etwa 25 Min.) nehmen Sie den nach rechts aufwärts führenden Pfad. Der Uferweg führt zwar geradeaus weiter, aber als Sackgasse. Nach 100 m stoßen Sie auf die stark befahrene Gardesana und folgen ihr links (am besten auf der linken Straßenseite). Nach 250 m nehmen Sie den rechts aufwärts führenden kleinen Fahrweg, vorbei an Olivenhainen. Bei Abzweigungen halten Sie sich rechts. Nach 15 Min. erreichen Sie die Kreuzung mit einer Holzschranke links, wo auch die reguläre Route vorbeiführt (bei km 0,9).

Die Punta San Vigilio im Rücken queren Sie vom Parkplatz bzw. von der Bushaltestelle aus (vorsichtig) die stark befahrene Uferstraße und halten sich dabei etwas links. Links von der Steinmauer gehen Sie auf den kleinen Pfad, nehmen aber schon nach 2 m rechts den Pfad und wandern ein kurzes Stück steil bergauf, oberhalb von einem Olivenhain. Nach 5 Min. gehen Sie bei einer Kreuzung geradeaus, aufwärts durch einen verwilderten Olivenhain und kurz darauf durch Wald. Nach insgesamt 300 m erreichen Sie kurz nach einem großen Trafo-

Haus einen größeren Schotterweg und folgen diesem nordwärts leicht bergan, mit weiter Sicht nach links auf den Gardasee (rot-weiß-rot). Nach 5 Min. erreichen Sie ein Aussichtsplateau mit Blick auf San Vigilio und den Gardasee (km 0,5, ⇧ 135 m).

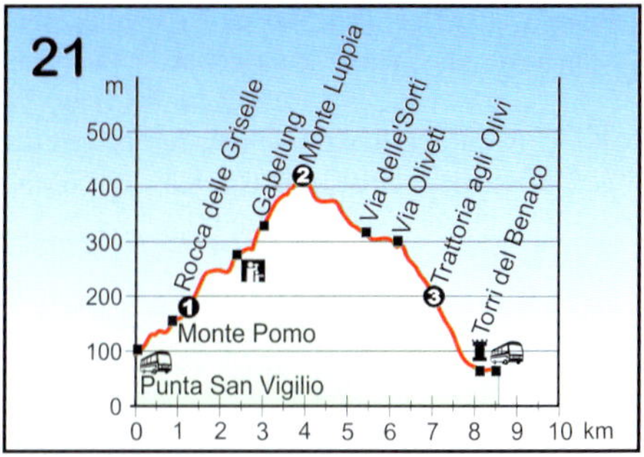

Nach dem Aussichtsplateau folgen Sie dem Schotterweg durch die Linkskurve, links neben einer Mauer. Der Weg ist bald mit Natursteinen gepflastert. Nach 5 Min. geht es bei Metallpfählen geradeaus aufwärts in einer Art Hohlweg weiter. Eine Abzweigung nach links ignorieren Sie.

Nach 200 m halten Sie sich bei einer T-Kreuzung links und erreichen nach 150 m kurz nach einer Holzschranke ein kleines Sträßchen, dem Sie links folgen (km 0,9, Holzschild zu Felszeichnungen, 3 in grünem Punkt). Von rechts führt die Variante aus Garda heran (☞ Kasten).

Nach 120 m halten Sie sich bei einer überdachten Infotafel ohne Infos halb rechts (Graffiti, rote 2, grüne 3), während links ein Pilgerweg direkt nach Torri del

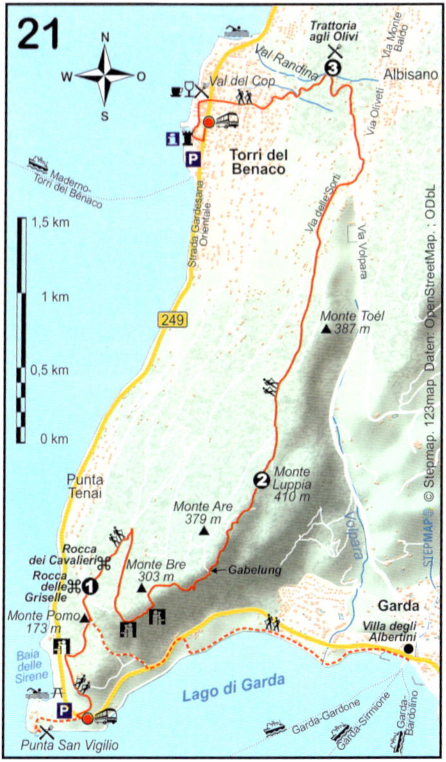

Benaco abzweigt (Percorso de Pellegrino). Ihr Pfad führt aufwärts, wird bald schmaler und ist teilweise ausgewaschen und felsig.

⌘ Nach 100 m passieren Sie rechts die ersten, gut sichtbaren Felszeichnungen: **Rocca delle Griselle ❶** (km 1,2, ⇧ 175 m).

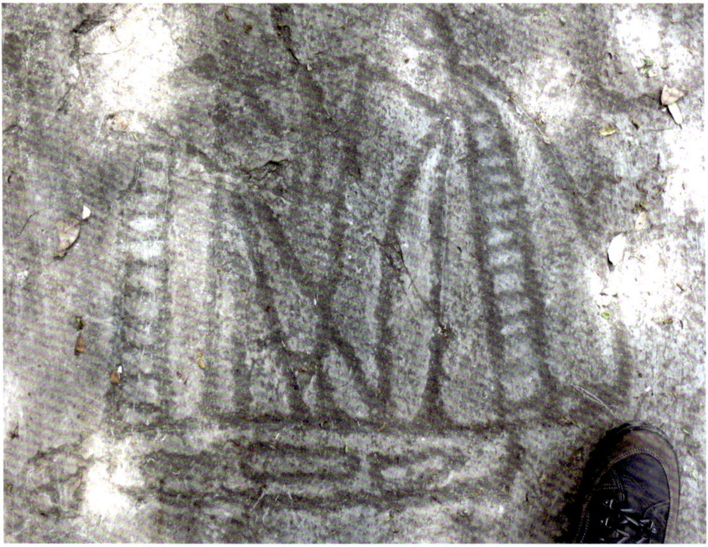

Felszeichungen: Rocca delle Griselle

Vorgeschichtliche Felszeichnungen am Gardasee

Oberhalb von Torri del Benaco boten sich an verschiedenen Stellen die von eiszeitlichen Gletschern glatt geschliffenen Felswände als „Zeichenbretter" für jungsteinzeitliche und bronzezeitliche Siedler geradezu an. Als Motive tauchen Strickleitern (Griselle) sowie Krieger (Cavalieri) mit Lanzen, Boote und Sonnensymbole, menschliche Figuren und Kreise auf. Allerdings braucht man gutes Licht, ein gutes Auge und Fantasie, um die 1960 entdeckten Felszeichnungen erkennen zu können, die – anders als z. B. an vielen Stellen in Skandinavien – nicht koloriert wurden, um sie besser erkennbar zu machen. Etwa 4 km nördlich von Torri gibt es weitere Kreuze, Kreise und andere geometrische Figuren, die an ein Mühlespiel oder Baupläne erinnern.

Bei den nach 5 Min. folgenden **Rocca dei Cavalieri** sind viele Felsen mit markanten Verwitterungs- und Erosionsspuren zu sehen, aber Zeichnungen nur mit Mühe. Weiter geht es aufwärts auf dem gerölligen Pfad. 250 m nach den Rocca dei Cavalieri nehmen Sie den scharf rechts abzweigenden Pfad (km 1,7, ⇧ 245 m). Der teilweise hellgrün markierte und eventuell an Radspuren erkennbare Weg führt höhenlinienparallel in etwa 245 m Höhe in einem großen Linksbogen durch den Wald und kann vor allem im Frühjahr etwas verwachsen sein. Nach 10 Min. stoßen Sie auf einen anderen Pfad, dem Sie links aufwärts folgen (teilweise hellgrün markiert). Nach 100 m (km 2,3, ⇧ 275 m) kommt am südlichsten Punkt der Schleife ein schöner Aussichtspunkt.

An diesem Aussichtspunkt nehmen Sie nicht den Pfad links herauf, sondern folgen geradeaus dem Pfad auf etwa gleicher Höhe durch Wald (grüner und roter Pfeil). Nach 150 m bietet sich nach rechts ein schöner Blick auf Garda und La Rocca.

Nach 60 m folgen Sie bei einem Felsplateau dem Pfad links (grüner und roter Pfeil) und wandern nach 100 m nach rechts (rot, grün), zunächst recht eben. Nach 200 m geht es geradeaus aufwärts, Abzweigungen ignorieren Sie. Bald grenzt rechts Stacheldraht ein Privatgrundstück ab. Kurz darauf gibt es rechts vom Weg einige schöne Aussichtspunkte. Sie wandern weiter geradeaus (hellgrüner Punkt) und ignorieren Abzweigungen.

15 Min. nach der Abzweigung auf dem Felsplateau nehmen Sie bei einer Gabelung in einer Linkskurve (km 3,5, ⇧ 385 m) den rechts kurzzeitig leicht abwärts führenden Pfad. Nach 200 m geht es bei einer Gabelung links aufwärts, ehe Sie nach etwa 5 Min. den kammartigen, aber großteils bewaldeten Gipfel des Monte Luppia ❷ erreichen (km 3,9, ⇧ 410 m), wo stellenweise Wacholderheide wächst.

Sie folgen dem Kammweg, der nach 100 m auf einen darunterliegenden Weg führt, geradeaus. Dort gehen Sie links Richtung Norden, bergab und teilweise über Schotter (später rw). Sie gehen immer geradeaus und ignorieren Abzweigungen. Nach 5 Min. mündet der Weg auf einen größeren Weg, dem Sie geradeaus weiter abwärts folgen.

20 Min. später kündigt sich die Zivilisation mit einer Asphaltstraße und einem Haus mit großer Kastanie an (km 5,5, ⇧ 310 m). Sie folgen der kleinen Straße geradeaus leicht abwärts (Via Delle Sorte, rw). Nach 10 Min. erreichen Sie die Hauptstraße mit einer Neubausiedlung dahinter. Sie halten sich links (Bürgersteig auf der rechten Seite), gehen nach 150 m beim Kreisverkehr links und folgen dem links abwärts führenden geschotterten Fußweg links unterhalb der Straße. Nach 200 m queren Sie eine Straße (rechts eine Bushaltestelle für die Linie 31) und

folgen der geradeaus steil abwärts führenden Straße Località Val Magra (Schilder empfehlen Winterbereifung). Nach 10 Min. gabelt sich die Straße vor einer Trattoria ❸ (km 7,1, ⇧ 195 m).

Trattoria agli Olivi, ☏ 04 57 22 54 83, www.trattoriaagliolivi.it, April bis Okt täglich außer Mo 12:00 bis 14:00 und 19:30 bis 22:30. Trattoria mit netter Terrasse 100 m hinter der Gabelung

Bei der Gabelung folgen Sie der Straße links abwärts bis zu einer T-Kreuzung mit der Località Loncrino, wo Sie links gehen. Nach rechts zweigt ein Pilgerweg ab (Schild mit Muschel). Nach 30 m nehmen Sie rechts den kopfsteingepflasterten Weg, der neben einem Bach abwärts nach Torri del Benaco führt. Abzweigungen ignorieren Sie. Nach Erreichen des Ortes passieren Sie weitere Abzweigungen, Sie gehen aber immer geradeaus abwärts, auf den Gardasee zu. Schließlich erreichen Sie nach 10 Min. die Hauptstraße (km 8,1). Entweder gehen Sie direkt nach links zur Bushaltestelle oder geradeaus in die Altstadt mit ihren Plätzen, Cafés, dem Hafen und der Burg.

Torri del Benaco liegt am Ostufer des Gardasees, genau an der Stelle, wo der See zum Norden hin etwas schmaler wird. Der knapp 3.000 Einwohner zählende Ort mit seiner kleinen, überschaubaren Altstadt und dem Hafen ist gut besucht und bietet entsprechend viele Einkehrgelegenheiten.

Touristinfo I.A.T., Via F.lli Lavanda 1, ☏ 04 57 22 51 20, in der Touristensaison

Torri del Benaco

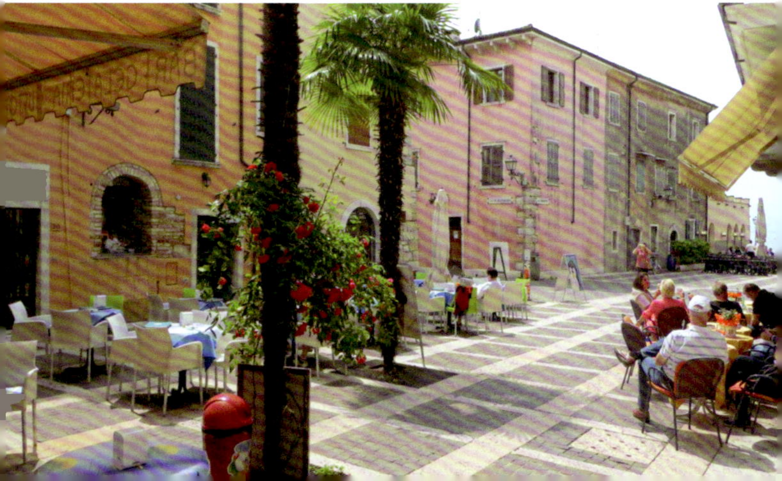

22 Rundwanderung auf La Rocca zwischen Garda und Bardolino

Tour für kulturell Interessierte

Diese Rundwanderung im Süden des Gardasees führt von Garda auf den Aussichtsfelsen La Rocca, einst Sitz einer strategisch günstig gelegenen Burg. Sie wandern an einem Kloster und an Olivenhainen vorbei nach Bardolino, bekannt für den gleichnamigen Rotwein. Von dort geht es auf der Uferpromenade zurück nach Garda. Optional lässt sich die Tour auch als kurze Rundwanderung ab/nach Garda zur Rocca und zum Kloster gehen.

Start/Ziel: Garda, Bushaltestelle und Parkplatz, GPS N 45°34.503' E 010°42.599'. Alternativ Start in Bardolino, ebenfalls mit Parkplatz, Bushaltestelle und Schiffsanleger

12,3 km, als Rundwanderung zur Rocca und zum Kloster 7,4 km

3 Std. 30 Min.

350 m/350 m. An-/Abstieg überwiegend am Stück im ersten Teil

65-290 m

A, rosa/orange Punkte, Wegweiser auf Holz

Picknickplatz (km 5,8)

viele Einkehrgelegenheiten am Start/Ziel in Garda bzw. in Bardolino (km 8,5)

WC öffentliche Toiletten am Start/Ziel in Garda und in Bardolino (km 8,5)

Bademöglichkeit zwischen Bardolino und Garda

Für Kinder geeignet, da die Tour nicht allzu lang ist. Unterwegs sorgen Mauerruinen und eine kleine Höhle beim Aussichtsplateau von La Rocca für Abwechslung.

Für Buggys ist der Weg mit Ausnahme kurzer Passagen über Pfade beim Auf-/Abstieg bedingt geeignet.

Auf der Uferpromenade müssen Hunde angeleint sein.

P großer (gebührenpflichtiger) Parkplatz in Garda (GPS N 45°34.531' E 010°42.615'), bei Start in Bardolino: Parkplatz bei der Kirche San Severo (km 8,2, GPS N 45°33.010' E 010°43.397'), Gebühr pro Stunde etwa € 2,50

Stündliche Linienbusverbindungen Richtung Süden (bis Verona) und Norden (bis Riva). Der Startpunkt ist direkt am Busbahnhof. www.atv.verona.it → Linee ed orari → Extraurbano → G → Garda

Schiffsverbindungen in alle Richtungen. Der Schiffsanleger liegt 5 Gehminuten nördlich vom Zentrum.

Die Tour beginnt in **Garda**, einem der beliebtesten und meistbesuchten Orte am Gardasee. Hinter dem Hafen mit dem Palazzo dei Capitani aus dem 14. Jh. und der großzügigen Uferpromenade liegt die überschaubare Altstadt mit ihren kleinen Gassen.

Touristinfo I.A.T., Piazza Donatori di Sangue 1, ☏ 04 56 27 03 84

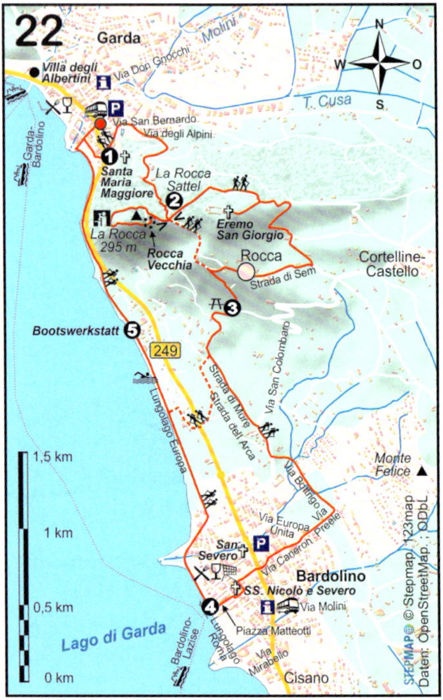

Vom Busbahnhof geht es Richtung See durch die Straßenunterführung und auf der kleinen Gasse (Via XX. Settembre) weiter geradeaus. 70 m nach der Unterführung nehmen Sie die zweite Querstraße nach links (vor dem Park) und halten sich nach 100 m, vor dem Parkplatz, etwas links und gehen auf die Kirche ❶ zu.

✝ Die Kirche Santa Maria Maggiore stammt in ihren Ursprüngen aus dem Mittelalter. In den folgenden Jahrhunderten wurden Erweiterungen und Umbauten vorgenommen, besonders gravierend war die (spät)barocke Umgestaltung um 1800. Der Glockenturm geht auf das 16. Jh. zurück, zeigt aber genauso wie der Kreuzgang noch Spuren aus dem Mittelalter.

Woher der Gardasee seinen Namen hat

Dass der Name des Gardasees mit der Stadt Garda zu tun haben muss, liegt auf der Hand. Vermutlich ist er sogar (alt)deutscher Herkunft: „Garda" soll auf das germanische *wardon* zurückgehen („beobachten") und die im Mittelalter (8. Jh.) von den Goten genutzte Burg bei La Rocca südlich von Garda bezeichnen. Wir begegnen Formen dieses Worter auch im Wärter (*ward*) sowie im englischen *guard* (bewachen, schützen). Insofern ist die alte Festung bei La Rocca Namensgeberin des ganzen Sees. Nach einer anderen Theorie (Wikipedia) geht „Garda" auf das germanisch-deutsche *Garten* zurück, womit ein (mit Gerten abgesteckter) abgegrenztes Areal bezeichnet wurde, also der Felsen bzw. später die Burg.

Bei den alten Römern hieß der Gardasee übrigens *lacus benacus*, und noch heute ist im Italienischen die Bezeichnung *Lago di benaco* geläufig. Benaco war bei den Kelten ein lokaler Gott in Oberitalien.

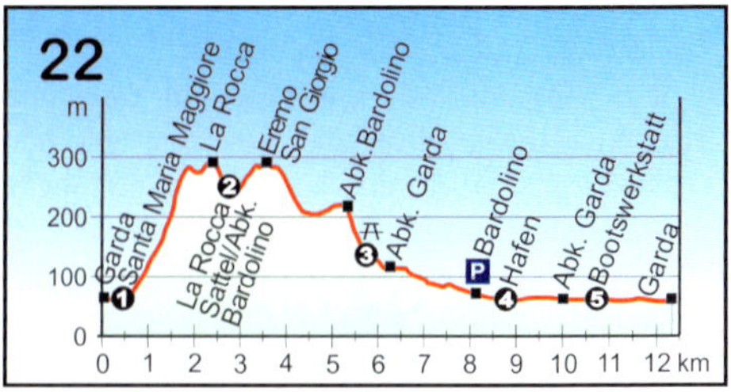

Von der Pfarrkirche geht es links in die Via San Bernardo, die Sie nach 200 m, vor dem Friedhof, auf der ersten Straße nach rechts verlassen. Bei den nach 100 m kurz nacheinander folgenden Gabelungen halten Sie sich jeweils rechts (erst Via degli Alpi, danach Schild „Eremo la Rocca“). Nach 10 Min., oberhalb von einem Wasserwerk und bei Mülltonnen (km 1,2, ⇧ 150 m), nehmen Sie scharf links den aufwärts führenden geschotterten Weg und nach 200 m die Treppe rechts.

Nach dem Anstieg durch Wald erreichen Sie einen Sattel mit einer Wegkreuzung ❷ (km 1,7, ⇧ 245 m). Später geht es links weiter, aber zunächst führt die Wanderung nach rechts, für eine 1 km lange Runde über das grasbewachsene Hochplateau von La Rocca.

Bei dem kurzen Anstieg zu Anfang passieren Sie links zwei Höhlen, in denen früher Wein gelagert worden sein soll. 200 m nach dem Sattel sind am Ende des Aufstieg links im Wald alte Burgruinen zu erkennen (⇧ 290 m).

⌘ Die Burgruine **Rocca Vecchia** (⇧ 291 m) geht auf die Burg Garda zurück, die im Frühmittelalter ein wichtiger Beobachtungsposten der Goten war und im 16. Jh. von den Venezianern geschleift wurde. Burgherr war kein Geringerer als Theoderich, König der Goten und historisches Vorbild des Dietrich von Bern in der mittelalterlichen Literatur. Theoderich ließ die Festung Rocca di Garda im 5. Jh. errichten. Sie galt viele Jahrhunderte als uneinnehmbar – auch der Stauferkaiser Barbarossa (12. Jh.) scheiterte. Am Plateau bieten mehrere Punkte eine schöne Sicht über den südlichen Gardasee.

Direkt abwärts nach Bardolino (➲ 2 km kürzer)

Wenn Sie möglichst schnell nach Bardolino gehen und auf das Kloster verzichten wollen, nehmen Sie bei der Kreuzung am Sattel den Weg geradeaus, der kurz darauf leicht links abwärts Richtung Bardolino führt. Sie erreichen bei km 5,2 wieder die reguläre Route.

Nach der Runde über das Plateau gelangen Sie wieder zu dem bewaldeten Sattel ❷. Von La Rocca kommend geht es geradeaus aufwärts Richtung Kloster, vorbei an einer Mülltonne (Eremo dei Camuldolesi A/B).

Nach 15 Min. erreichen Sie eine T-Kreuzung mit einer kleinen Straße vor einer Mauer (km 3,7, ⇧ 285 m). Nach rechts ist ein Abstecher zum Kloster möglich (2 x 100 m).

✝ Das Kamaldulenserkloster **San Giorgio** wurde im 17. Jh. gegründet und während der napoleonischen Besetzung aufgehoben. Erst 1885 kehrten die Mönche wieder zurück. Sie pflegen dort in der Abgeschiedenheit einen disziplinierten Klosteralltag, der um 3:30 beginnt und um 21:00 mit der Nachtruhe endet.

Der Eremiten-Orden der Kamaldulenser geht auf den heiligen Romuald von Camaldoli zurück, der im 11. Jh. aus einzelnen Klöstern und Einsiedeleien einen neuen Orden gründete, der sein Zentrum in einer Einsiedelei in Camaldoli in der toskanischen Provinz Arezzo hatte. Nach einer Reform im 16. Jh. schlossen sich die Kamaldulenser 1966 der Benediktinischen Konföderation an. Heute leben in 10 Klöstern weltweit rund 100 Kamaldulenser-Mönche.

Die Wirklichkeit ist auch in der abgeschiedenen Einsiedelei San Giorgio angekommen: Seit 1997 ist Frauen der Zutritt in Kirche und Klosterladen gestattet. Außerdem präsentiert sich die Einsiedelei zeitgemäß mit einer Homepage: www.eremosangiorgio.it

Von dem Kloster bis nach Bardolino sollten Sie etwa noch 1 Std. 15 Min. Gehzeit einkalkulieren. Bei der T-Kreuzung folgen Sie links dem Zufahrtsweg abwärts, der von Zypressen und Oliven gesäumt ist, ehe es nach 200 m unvermittelt rechts zwischen Olivenhainen auf einem Schotterpfad hinuntergeht. Nach 5 Min. erreichen Sie eine Straße (Strada di Sem) und folgen dieser nach rechts. Weitere 5 Min. später gehen Sie links an einer Marienfigur vorbei (Strada della Rocca Vecchia). Nach 10 Min. sehen Sie den von rechts einmündenden abkürzenden Weg (km 5,2) und folgen weiter der Straße.

Abkürzung: Rundwanderung ab/nach Garda

(➲ 7,4 km insgesamt)

Wenn Sie auf Bardolino und damit recht viel Straße verzichten wollen und stattdessen eine kurze Rundtour ab Garda nach La Rocca bevorzugen, nehmen Sie den rechts einmündenden Weg und folgen ihm hinauf zum Sattel bei km 1,7 ❷ und gehen dort geradeaus abwärts auf dem Weg zurück nach Garda, auf dem Sie gekommen sind.

100 m weiter geht es vor einem Gut scharf links abwärts auf die Schotterstraße, um nach 10 Min. hinter einem größeren, heruntergekommenen Gebäude und vor schilfartigen Pflanzen (Pfahlrohr) die Straße zu erreichen (km 5,7, ⇧ 150 m), auf der Sie rechts weiterwandern. Nach 100 m passieren Sie rechts einen Picknickplatz mit Steinbänken und Steinen als Tischen ❸.

Nach 50 m folgen Sie der (asphaltierten) Straße durch eine Linkskurve (Strada di Mure) und erreichen 5 Min. später eine Straßengabelung (km 6,1, ⇧ 110 m).

Abkürzung ohne Bardolino (➲ 3,2 km kürzer)

Wenn Sie auf Bardolino und damit etwa 2,5 km Asphaltstraße (davon 200 m auf der Hauptstraße) verzichten wollen, nehmen Sie die Straße rechts abwärts und wandern auch danach weiter rechts abwärts. Schließlich queren Sie die Hauptstraße und gehen weiter zur Uferpromenade, der Sie rechts Richtung Garda folgen.

Bei der Straßengabelung halten Sie sich links und folgen der Straße geradeaus (Strada di Mure). Nach ca. 8 Min. erreichen Sie die Hauptstraße (km 6,7) und folgen ihr nach rechts, bevor Sie nach 200 m bei der Kreuzung die Straße links nehmen (Via Bottrigo), die durch das flache Hinterland von Bardolino führt. Bei der ersten Kreuzung – nach etwa 500 m – geht es rechts in die Via Preele (km 7,6). Auf dieser queren Sie nach 250 m die Umgehungsstraße und folgen danach der Via Caneron in den Ort hinein. Schließlich (nach etwa 400) erreichen Sie die Hauptstraße von **Bardolino** (km 8,2).

Bardolino Classico

Bardolino ist weniger als Ort, sondern vielmehr als Wein bekannt: durch den Bardolino Classico, der sich als leichter Rotwein am ehesten mit dem Valpolicella vergleichen lässt und leicht nach Mandel schmeckt. Der Bardolino Chiaretto ist eine Rosé-Variante. Die Bezeichnung Bardolino Classico dürfen alle Weine tragen, die im Gebiet zwischen den Gemeinden Bardolino, Lazise und Affi angebaut, gekeltert und abgefüllt wurden.

Nach rechts bietet sich ein Abstecher zur romanischen Kirche San Severo an, eine der ältesten Kirchen der Region, die aus dem 12. Jh. stammt. Daneben liegen eine Bushaltestelle und der Parkplatz.

Sie gehen geradeaus durch den Park und an dessen Ende links zur Kirche SS. Nicolò e Severo. Diese umrunden Sie.

✝ Die Pfarrkirche SS. Nicolò e Severo aus dem 19. Jh. dominiert mit ihrer neoklassizistischen Säulenfassade zur Seeseite den Matteotti-Platz

Touristinfo I.A.T., Piazzale Aldo Moro 5, ☏ 04 57 21 00 78, an der Hauptstraße
Rund um die Kirche befinden sich zahlreiche Einkehr- und Einkaufsgelegenheiten.

Mit dem Rücken zur Kirche gehen Sie auf der Hauptflaniermeile (Piazza Matteotti) zum Hafen ❹ und dann rechts auf die Uferpromenade, der Sie für etwa 50 Min. zurück nach Garda folgen, vorbei an einer Bootswerkstatt ❺. Am Anfang von Garda verlassen Sie die Uferpromenade beim Park und gehen vor dem Beton-Kongressgebäude nach rechts landeinwärts, durch einen Laubengang und weiter geradeaus durch eine Unterführung unter der Hauptstraße hindurch. Gleich dahinter sind die Bushaltestelle und der Parkplatz.

Pfarrkirche SS. Nicolò e Severo

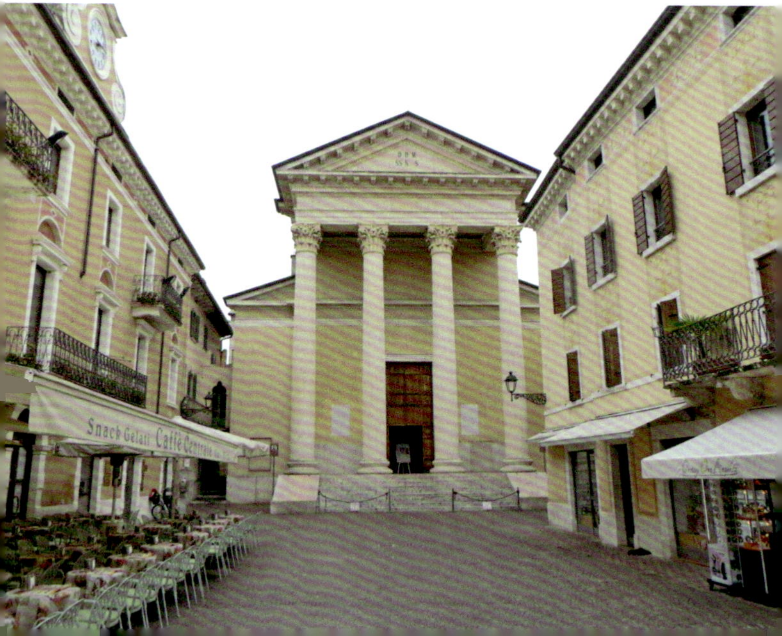

23 Am Ufer von Peschiera nach Bardolino/Garda

Leichte Promenadenwanderung für Badefreunde und Kulturinteressierte

Diese sehr leichte Wanderung, eher ein langer Spaziergang, führt am Südostufer des Gardasees entlang und berührt dabei mehrere bekannte und touristisch durchaus sehenswerte Ortschaften wie Peschiera del Garda, Lazise, Bardolino und Garda. Besonders nett ist die Tour in der Nebensaison, während an schönen Sommertagen stellenweise nur ein Vorwärtskommen im Bummeltempo möglich ist. Unterwegs locken zahlreiche Strände zum Baden.

→ Start: Peschiera del Garda mit Bushaltestelle Peschiera Centro, GPS N 45°26.366' E 010°41.525'; Ziel: Bushaltestelle in Bardolino, GPS N 45°32.807' E 010°43.464', oder Garda, GPS N 45°34.503' E 010°42.599'

bis Garda 18,1 km, bis Lazise 7 km, bis Bardolino 14,5 km

bis Garda 4 Std. 30 Min., bis Lazise 2 Std., bis Bardolino 4 Std.

↑ ↓ 55 m/55 m

⇧ 65-70 m

Es gibt keine Markierung, aber die Wegführung (Ufer) ist offensichtlich ...

viele Rastplätze/Sitzbänke unterwegs

zahlreiche Restaurants und Bars am Uferweg sowie in den Orten unterwegs

zahlreiche Bademöglichkeiten unterwegs

Für Kinder ist der Weg gut geeignet: leicht und mit mehreren Badestellen. Ein weiterer Höhepunkt für Kinder wäre der im Hinterland zwischen Lazise und Peschiera liegende Freizeitpark „Gardaland".

Mit Buggys gut machbar: Der Weg ist gepflastert oder mit festem, kiesartigem Sand gut eingeebnet.

Für Hunde wäre die ganze Tour möglich, wenn man nicht vor Lazise auf einem 200 m langen Strandstück den Zutritt für Hunde kategorisch verbieten würde, um Badegäste nicht zu stören. Ein Umgehen ist dort kaum möglich. Wenn man sich 100%ig an die Regeln halten möchte, könnte man also nur bis dortin bzw. ab Lazise mit Hund gehen. Hunde müssen angeleint sein, vor allem in den Orten (Bußgeld bis zu € 516,46 in Peschiera, saubere Lire-Umrechung!) und bei Wegen neben Stränden.

P (gebührenpflichtige) Parkplätze in Peschiera (am Hafen, GPS N 45°26.380' E 010°41.514', sowie Piazza Ferdinando di Savoia bei km 0,3, GPS N 45°26.273' E 010°41.718'), Lazise (GPS N 45° 30.184' E 010°44.024'),

Bardolino (GPS N 45°33.010' E 010°43.397') und Garda (GPS N 45°34.531' E 010° 42.615'), Parkgebühr ab € 2 pro Stunde, mit zunehmender Parkdauer stellenweise etwas günstiger, z. B. in Garda € 6 für 5 Stunden

gute und häufige Busverbindungen zwischen Peschiera (Bahnhof oder Zentrum) und Garda (Linie 164), mindestens im Stundentakt, www.atv.verona.it → Linee ed orari → Extraurbano → P → Peschiera (→ G → Garda)

Bahnhof Peschiera mit mehreren Verbindungen pro Stunde zwischen Verona und Mailand

täglich mehrere Schiffsverbindungen zwischen Peschiera, Lazise, Bardolino und Garda

Die Tour beginnt an der Bushaltestelle Peschiera Centro, in direkter Nachbarschaft zu einem Parkplatz und dem Schiffsanleger. Sie folgen der Hauptstraße Richtung Zentrum, um nach 50 m vor der Brücke und dem Hotel Bell'Arrivo rechts in die Fußgängerzone und nach 30 m links zu gehen, in die Fußgängerzone Via Dante, der Sie geradeaus bis zu einem Parkplatz folgen. Diesen queren Sie links diagonal und nehmen auf der anderen Seite links die schmale Straße, die neben dem alten Verteidigungswall entlangführt. Nach 50 m gehen Sie rechts auf

Peschiera

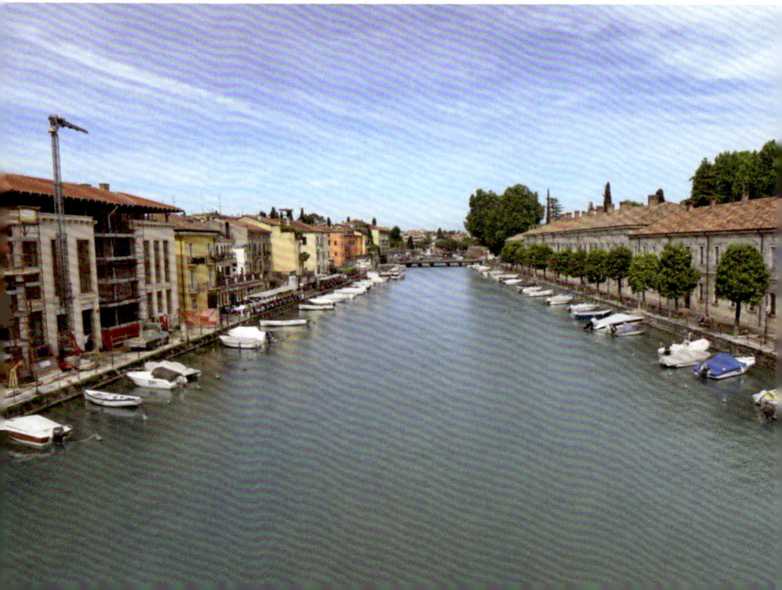

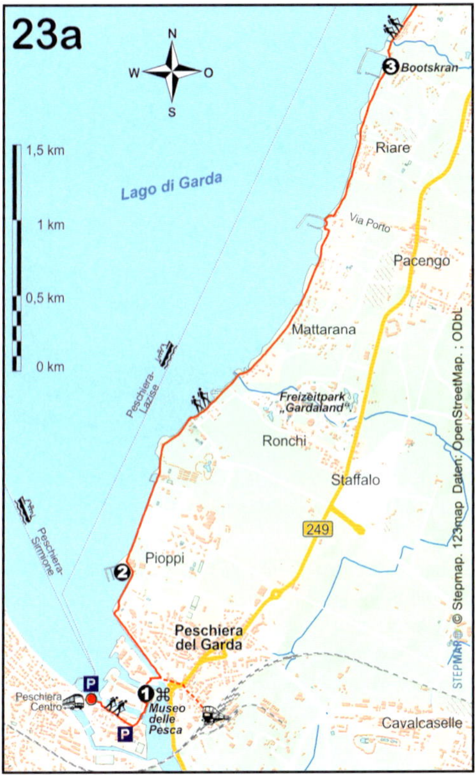

den Verteidigungswall mit Blick auf den Mincio. Dieser einzige südliche Zufluss des Gardasees mündet bei Peschiera in den See. Am Ende des Walls steigen Sie bei dem Denkmal für die Gefallenen des Ersten Weltkriegs links die Treppe hinunter und laufen geradeaus auf der Straße, um nach 30 m der Hauptstraße durch das Stadttor (rechts Durchgang für Fußgänger) aus dem Ort hinaus zu folgen. Die Porta Verona wurde im 16. Jh. zusammen mit der Stadtbefestigung angelegt.

⌘ Rechts vom Stadttor über den Innenhof ist in alten Kasematten das ehrenamtlich betriebene Fischereimuseum (Museo delle Pesca) ❶ untergebracht.

♦ Sa und So 10:00 bis 12:00 und 15:30 bis 18:30, Eintritt frei,
www.amicidelgondolin.it

70 m nach der Porta Verona queren Sie die Straße links über den Zebrastreifen, gehen auf der anderen Straßenseite über die Mincio-Brücke und biegen direkt nach der Brücke in den mit Kiefern gesäumten Uferweg ab (km 0,8).

Start ab Bahnhof (➲ 0,3 km bis zur Route)

Vom Bahnhof kommend folgen Sie der Viale Stazione geradeaus Richtung Zentrum bzw. See, queren nach 200 m (vorsichtig!) die Hauptstraße und folgen

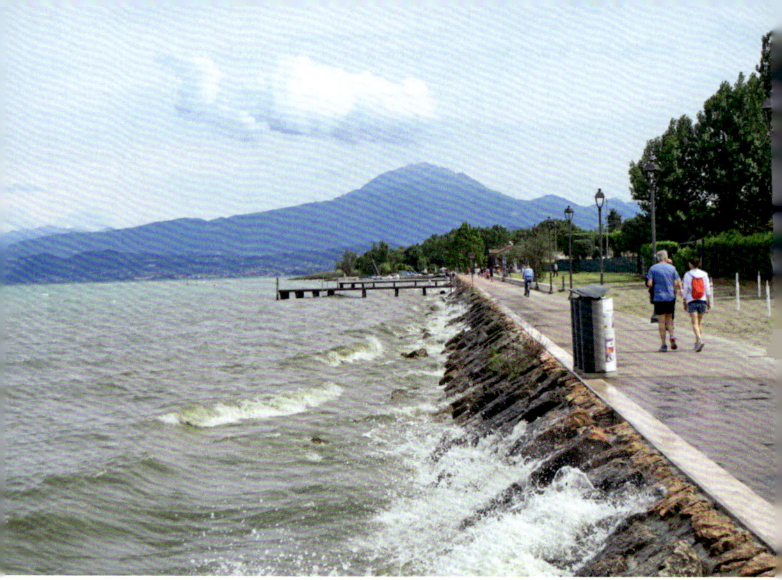

Uferpromenade bei Peschiera

dem Radweg nach links Richtung Zentrum. Nach 100 m erreichen Sie vor der Brücke den beschriebenen Weg und folgen dem Fußweg am Ufer unter Kiefern nach rechts (km 0,8 der Route).

Am Wendekreis bei dem Hafenbecken von Pioppi ❷ (km 1,7) folgen Sie rechts neben der Schranke dem Fußgängerweg weiter am Ufer entlang. Rechts sind im Hinterland einige Aufbauten des Freizeitparks Gardaland zu erkennen.

☹ Ab dem folgenden Hafenbecken (km 2,3) gilt ein generelles Hundeverbot mit Ausnahme der „gepflasterten Fußwege", also darf man weiter mit Hund wandern.

Nach etwas mehr als 1 Std. ab Peschiera passieren Sie ein Hafenbecken mit großem Bootskran ❸ (km 5,3); bei Arbeiten werden Sie vom Uferweg über die Brücke oben links umgeleitet. 20 Min. nach dem Kran (km 6,1) gehen Sie bei einer Gabelung links, weiter auf dem Uferweg.

☹ Am Strand Spiaggia d'Oro ❹ (km 7,8) ist die Tour offiziell für Vierbeiner beendet. Über den Strand führt ein Holzbohlenweg, aber das Hundeverbot am Strand gilt generell und ohne Zeitlimit – selbst mit Leine oder nur auf dem Holzweg sind Hunde verboten. Ärgerlich, denn dieses nur knapp 1 km Teilstück ist das einzige dieser Tour mit absolutem Hundeverbot. Leider gibt es keine sinnvolle Umleitung.

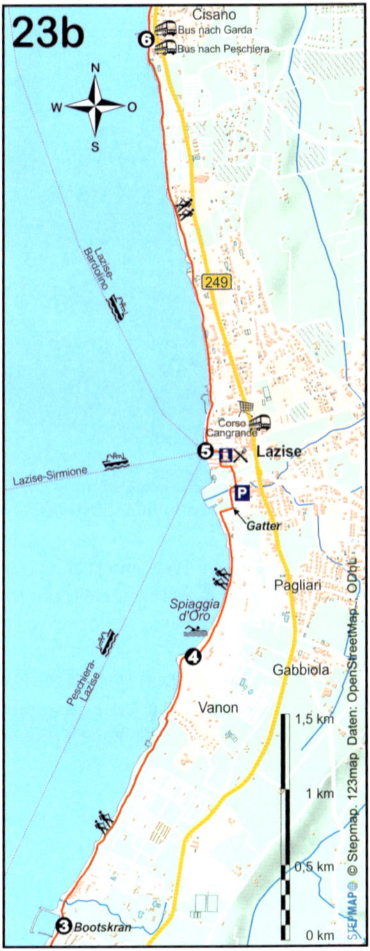

Kurz vor Lazise knickt der Weg nach rechts ab und endet bei einem Gatter am Ortsrand von Lazise (km 9) mit einer Straße und Zebrastreifen dahinter. Sie folgen der Straße nach links, biegen nach 150 m bei der Kreuzung vor einem großen Parkplatz links in die Einbahnstraße ab und gehen auf eines von drei noch erhaltenen Stadttoren zu, die Porta Lion, benannt nach dem Wappentier der Venezianer (Markuslöwe), die im 17. Jh. in Lazise eine Zollstelle unterhielten. Die schmale Straße ist nach Rosenheim benannt, Partnerstadt von Lazise. 50 m hinter dem Tor biegen Sie links in die Gasse Richtung Touristinfo und folgen ihr durch die Rechtskurve zum Hafen ❺ mit der i Touristinfo und ✕ vielen Einkehrgelegenheiten.

Der heute eher beschauliche Hafen von Lazise war vor einigen Jahrhunderten einer der wichtigsten Kriegshäfen des Gardasees, in dem viele venezianische Boote und Galeeren vor Anker lagen.

i IAT Lazise, Piazzetta Partenio, 37017 Lazise, ☏ 036 64 22 30 17, Mo und Di 10:00 bis 13:00 und 14:00 bis 19:00, Mi bis Sa 10:00 bis 19:00 und So 10:00 bis 16:00

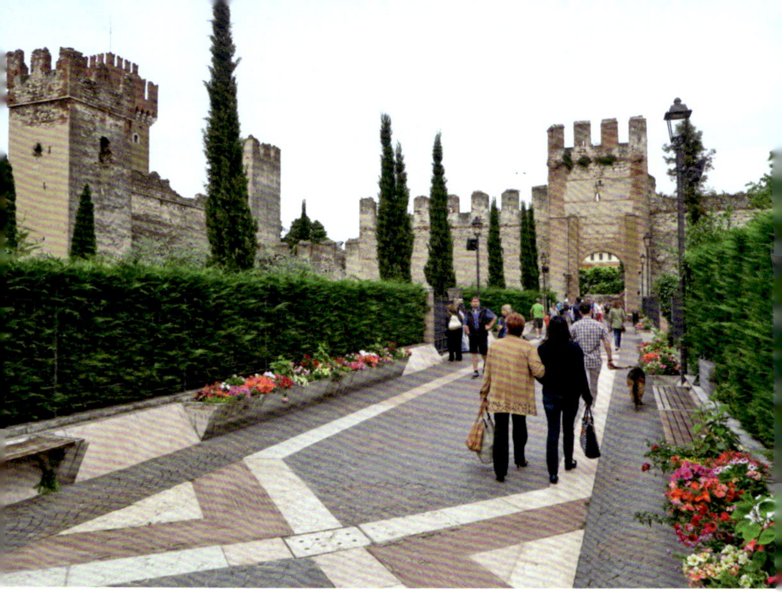

Lazise - Via Rosenheim & Castello

Sie folgen dem Weg am Hafen und weiter am Ufer entlang. 150 m nach der Anlegestelle für ⛴ Linienschiffe am Hafen endet nach dem Hotel Miralago der Fußgängerbereich. Sie folgen dem Weg neben der Straße.

↬ 🚌 Die rechts abzweigende gepflasterte (Einbahn-)Straße (Corso Cangrande) erreicht nach 220 m die Hauptstraße mit der Bushaltestelle und mindestens stündlichen Abfahrten Richtung Garda und Peschiera bzw. Verona (Linien 164 und 483).

Nach 150 m folgen Sie in der Rechtskurve der Straße der Uferpromenade geradeaus, die Sie zum nächsten Ort führt: Cisano ❻ (km 12,4).

↬ 🚌 Ab Cisano kann die Tour mit dem Bus beendet werden (Linien 164 und 483). Dazu gehen Sie in Cisano wie folgt auf Fußwegen nach rechts zur Hauptstraße (50 m):

▷ für Busse Richtung Süden (Peschiera) 50 m vor dem Hafen am Beginn der Pflasterung rechts durch die mit Mauern eingefasste Gasse,

▷ für Busse Richtung Norden (Garda) am Ende des Hafens nach rechts (Piazza Lago).

Von Cisano geht es weiter auf der Uferpromenade nordwärts nach Bardolino, wo Sie der Uferweg zum Hafen 7 (km 14,6) mit dem Anleger für Linienschiffe führt.

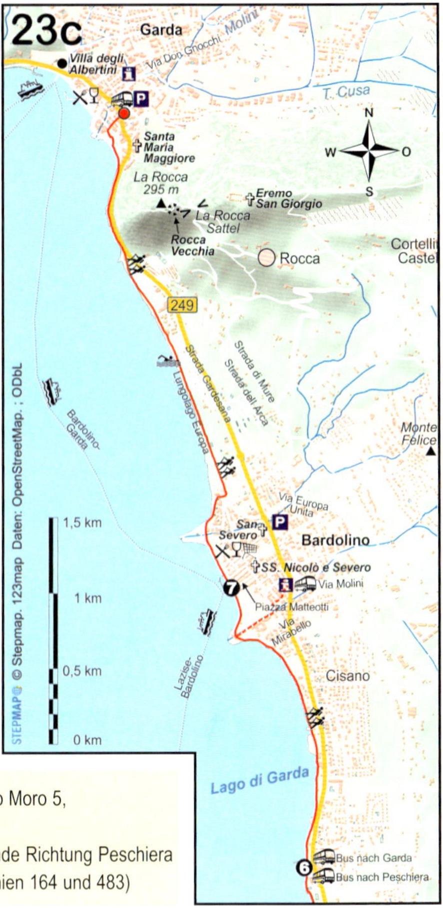

Beenden der Tour in Bardolino

Von der Promenade führt ein netter Weg am Anfang von Bardolino zur Bushaltestelle. Dazu nehmen Sie am Ortsbeginn nach dem Kreisverkehr bei der Landspitze beim Zebrastreifen rechts den Fußweg, der beschattet und gradlinig vom Ufer wegführt. Nach 5 Min. gehen Sie bei der T-Kreuzung mit einer Straße links, über den Bach und nach 50 m vor dem Hotel Benacus nach rechts (Via C. Colombo).

Nach 100 m erreichen Sie die Bushaltestelle Bardolino mit Touristinfo.

IAT Bardolino, Piazzale Aldo Moro 5,
☏ 04 57 21 00 78

mehrere Abfahrten pro Stunde Richtung Peschiera bzw. Verona und Garda (Linien 164 und 483)

Am Hafen von Bardolino gehen Sie über die Brücke und weiter auf Holzbohlen direkt am Ufer. Am Ende des Holzbohlenweges können Sie die Landspitze geradeaus etwas abkürzen und folgen danach weiter dem Uferweg und kurz darauf dem gelb markierten Radweg. Wegen des Campingplatzes ist der Uferbereich hier nicht zugänglich, Sie erreichen ihn aber später wieder. Nachdem Sie den

Uferberg La Rocca auf der Promenade links passiert haben, verlassen Sie die Uferpromenade am Anfang von Garda beim Park und gehen vor dem Beton-Kongressgebäude nach rechts landeinwärts, durch einen Laubengang und weiter geradeaus durch eine Unterführung unter der Hauptstraße hindurch. Gleich dahinter finden Sie die Bushaltestelle und den Parkplatz.